不打不骂教孩子

小学6年,
好妈妈要为孩子做的50件事

元元◎主编

朝华出版社

图书在版编目(CIP)数据

小学6年,好妈妈要为孩子做的50件事／成墨初,李彦芳编著.—北京：朝华出版社,2012.5
(不打不骂教孩子／元元主编)
ISBN 978-7-5054-3152-2

Ⅰ.①小… Ⅱ.①成… ②李… Ⅲ.①家庭教育 Ⅳ.①G78

中国版本图书馆 CIP 数据核字(2012)第087904号

不打不骂教孩子·小学6年,好妈妈要为孩子做的50件事

| 主　　编 | 元　元 |
| 作　　者 | 成墨初　李彦芳 |

选题策划	杨　彬　王　磊
责任编辑	楼淑敏
责任印制	张文东
封面设计	荆棘设计

出版发行	朝华出版社
社　　址	北京市西城区百万庄大街24号　邮政编码　100037
订购电话	(010)68413840　68996050
传　　真	(010)88415258(发行部)
联系版权	j-yn@163.com
网　　址	www.blossompress.com.cn
印　　刷	三河市灵山装订厂
经　　销	全国新华书店
开　　本	787mm×1092mm　1/16　字　数　180千字
印　　张	15
版　　次	2012年8月第1版　2012年8月第1次印刷
装　　别	精
书　　号	ISBN 978-7-5054-3152-2
定　　价	25.00元

版权所有　翻印必究·印装有误　负责调换

编者序
不做"虎妈狼爸",教出优秀孩子

关于如何教育子女,中国有不少老话。比如说:"打是亲骂是爱,不打不骂是祸害"、"棍棒底下出孝子"、"树不修不成料,儿不打不成才"等就是许多家庭世代相传的教子经验。2011年,两个有关教育子女的词汇在中国成为了热门词汇,一个是"虎妈",一个是"狼爸"。

"虎妈"名字叫蔡美儿,是美国耶鲁大学法学院华裔教授,他的大女儿索菲亚十八岁,小女儿十六岁,一个是钢琴演奏家,另一个小提琴拉得很出色。她写了一本教育孩子的家庭回忆录《虎妈战歌》,登上了美国和中国的畅销书排行榜,而且在全美国和全中国都掀起了一场如何教育孩子的大讨论,讨论的焦点是像"虎妈"这样教育孩子到底对不对?

与"虎妈"遥相呼应的是一位父亲,他的口号是"三天一顿打,孩子进北大",只要孩子的日常品行、学习成绩不符合他的要求,孩子就会遭到严厉的体罚。他的四个孩子中的三个被北京大学录取,他叫萧百佑,被称为"中国狼爸"。萧百佑当年参加高考,获得了广东省第八名的成绩,被暨南大学录取。他认为,自己学生阶段的成功主要受益于母亲"动辄就打"的教育方法,所以在教育自己的孩子时,他选择了延续家族传统。

"虎妈狼爸"的孩子取得成功的同时也让我们认识了在孩子成功的背后,其父母家庭教育所起的重要作用。然而,"天才"的实质是什么?"虎妈狼爸"对孩子的教育是否符合现代教育理念?这种成功是"个案"还是"范本"?这些问题都值得我们深思。

在国际奥林匹克竞赛中,中国学生总能拔得头筹,可至今却未能培养出一名诺贝尔奖获得者。二十世纪八十年代,中美两国教育家互访,看到辛苦的中国学生,美国教育家称:二十年后,世界上最伟大的科学家都将在中国。参观完美国的中小学教育,中国教育家称:美国未来一代将垮掉。二十年后的现实,无疑是对中国现行教育体制的一记棒喝。

"虎妈狼爸"的出现,正说明我们要在中国传统教育观念和教育方式与西方教育观念和教育方式之间寻找一种平衡。中国正在向西方学习,他们一直强调纪律、专注、训练和记忆,更加注重探索和创造力。在教育方式上,我们既要继承我国传统教育中合理的成分,又要善于吸收西方发达国家先进的教育方式和教育理念,这样我们才敢说:我们将会赢得未来。

不做"虎妈狼爸",不打不骂孩子,我们又该怎样教育孩子呢,这也是我们策划推出"不打不骂教孩子"系列丛书的初衷,希望能够帮助父母更好地认识孩子的成长规律、了解孩子的成长心理,掌握正确教育孩子的理念和方式方法,让孩子们能够快乐、健康地成长为有用之才。

前 言

小学阶段，是孩子成长过程中的一个特别时期，妈妈是这一阶段教育孩子最好的老师。由妈妈抓好孩子小学阶段的家庭教育，从一定意义上讲，就等于抓住了孩子未来的幸福和成功。

1. 小学阶段是孩子教育的关键期

现代教育家研究表明：小学阶段，是孩子成长中的一个分水岭、一个重要的转折点、一个关键的教育期，对孩子的一生有着至关重要的影响。

首先，小学阶段是孩子身体和心理发育的成熟前期。小学阶段以后，孩子会马上进入青春期，身心都将发生"剧变"，稍有不慎，就可能酿成家庭悲剧。但如果在小学阶段就为孩子的身体发育准备好充足的营养，培养孩子良好的心理素质，就可以有效地预防青春期叛逆及其他青春期问题的发生。

其次，小学阶段是孩子个性、品德、习惯形成和矫正的关键时期。如果这个阶段能够对孩子进行正确的引导和教育，孩子的个性、品德及行为习惯等方面，就会进入一种良性的循环。反之，如果错过了这个最有效的教育期，或者顺其自然，使孩子在这个阶段养成很多坏习惯和毛病，那么，即使以后付出十倍的努力，恐怕也是难以纠正的。

再次，小学阶段是孩子学习的启蒙阶段，是孩子学习方法与学习习惯养成的奠基时期。如果这个阶段激发孩子的求知欲，帮助孩子掌握正确的学习方法，积极培养孩子自觉主动、注意力集中等学习的良好习惯，那么，孩子在以后的学习道路上就会一帆风顺。反之，就等于给孩子未来的学习设置了障碍，必定会影响孩子未来的学习成绩。

2. 妈妈决定孩子90%以上的素质

世界著名教育家福禄贝尔说过："国民的命运，与其说是操纵在掌权者手中，倒不如说是握在母亲的手中，因此，我们必须努力启发母亲——人类的教育者。"

国外某教育机构通过研究表明：孩子90%以上的素质，是由妈妈决定的。换句话说，也就是妈妈的素养如何、教育方式如何，将直接决定着孩子的未来，乃至一生。

一个孩子从小到大，只要妈妈伴随着他成长，妈妈的一切，包括妈妈的形象、做人原则和思想……都会在不知不觉中影响着孩子，都会自始至终影响着孩子的人生——妈妈尊老爱幼，孩子自然就会上行下效；妈妈节俭有度，孩子自然就会拒绝奢华；妈妈彬彬有礼，孩子自然就会谦虚待人；妈妈坚强，孩子自然在苦难面前就不会怯懦；妈妈善良，孩子自然就会拥有一颗悲天悯人的心；妈妈修养有度、品质高洁，孩子自然会成为人中之龙、人中之凤。

由此可见，妈妈的教育对孩子的成长和发展起到了决定性的作用，是家庭教育中最核心、最重要的部分，一个孩子是否有良好的家教，很大程度上由他有一个什么样的妈妈来决定。

3. 妈妈抓好孩子小学阶段的教育就等于教育成功了一半

既然孩子90%以上的素质是由妈妈决定的，那么在此结论之上，我们不妨加上这样一个教育期限——小学阶段。也就是说，妈妈在孩子小学阶段的有效教育、优良教育，必将影响孩子的一生。

如果在小学阶段，妈妈给孩子的大脑中输入乐观、勇敢、有礼貌、知识无价、人生美好等关键词，那么这些优良的品质与思想，必将伴随孩子的一生，令其受益终身；反之妈妈如果将狭隘、自私、懒惰、学习很苦、社会黑暗等关键词输入孩子的大脑，那么这些不良的品质与思想，也必将伴随孩子的一生，令其终生受害。

成功的最佳方法是：在最关键的时刻做最关键的事。教育的最佳方法也是如此，即由妈妈抓好孩子小学阶段的教育。实践证明，这不仅是最科学的教育方式，同时也是最有效的教育方法。

每个望子成龙、望女成凤的妈妈都应该牢记：忽视了孩子的小学阶段，就等于失去了孩子的未来；放弃了孩子的小学阶段，就等于错过了孩子的成功。作为一个妈妈，重视孩子小学阶段的教育，才是一个称职的好妈妈；作为一个妈妈，抓好孩子的小学阶段，才能享受到教子成功的喜悦。

目 录
CONTENTS

第一章　塑造美好品德，奠定孩子的幸福基础

第 1 件事　做孩子文明礼貌的好榜样 /002

第 2 件事　仁者爱人，鼓励孩子奉献爱心 /006

第 3 件事　培养孩子做个诚实的人 /010

第 4 件事　让孩子做个勤奋的好少年 /015

第 5 件事　孝敬父母，培养孩子的孝心 /020

第 6 件事　磨炼孩子的坚强意志 /024

第 7 件事　告诉孩子要朴素节俭 /028

第 8 件事　教孩子学会勇敢承认错误 /033

第 9 件事　教孩子学会宽容 /038

第 10 件事　鼓励孩子勇敢地承担责任 /044

第二章　释放智力潜能，让孩子实现高效学习

第 11 件事　教孩子学会科学用脑 /050

第 12 件事　激发孩子的想象力 /055

第13件事　训练孩子过目不忘的记忆力/060

第14件事　让孩子学会独立思考/064

第15件事　发掘孩子的创新潜能/069

第16件事　让孩子爱上读书/073

第17件事　促使孩子自觉主动地学习/078

第18件事　尊重孩子多样的兴趣爱好/082

第19件事　呵护孩子的好奇心/086

第三章　培养良好心态，塑造孩子的健康心灵

第20件事　树立孩子的自信心/092

第21件事　打造孩子的乐观心态/096

第22件事　让孩子从小远离虚荣的侵蚀/100

第23件事　引导孩子战胜自卑/104

第24件事　正确疏导孩子逆反心理/109

第25件事　帮孩子走出孤独的阴影/113

第26件事　矫正孩子目空一切的自负心理/117

第27件事　预防孩子陷入焦虑的陷阱/122

第四章　提升素质能力

第28件事　从小开始培养孩子的情商/128

第29件事　完善孩子的人格/132

第30件事　塑造独立个性，让孩子自立自强/137

第31件事　让孩子学会自律自控/141

第32件事　发现和培养孩子的特长/145

第33件事　扬起孩子人生理想的风帆/149

第34件事　朋友无价,教孩子学会选择益友/152

第35件事　互惠双赢,教孩子学会与人合作/157

第36件事　提高孩子的审美能力/162

第37件事　培养孩子的竞争力/168

第38件事　提高孩子的口头表达能力/173

第五章　读懂生活真谛,教孩子做命运的主人

第39件事　给孩子提供成长的好环境/178

第40件事　均衡营养,注意孩子的科学饮食/182

第41件事　保护孩子的心灵之窗——眼睛/186

第42件事　培养孩子良好的作息习惯/190

第43件事　让孩子做个干净清洁的小孩/195

第44件事　寸阴寸金,教孩子做时间的主人/199

第45件事　教孩子树立正确的金钱观/203

第46件事　大胆放手,别让孩子过分依赖/207

第47件事　让孩子尝尝生活的苦头/211

第48件事　让孩子体会劳动的艰辛/216

第49件事　让孩子爱上运动/220

第50件事　教孩子掌握自我保护的方法/225

第一章

塑造美好品德，
奠定孩子的幸福基础

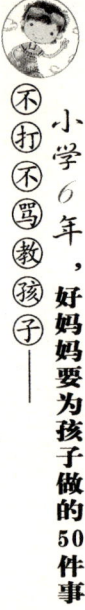

第1件事　做孩子文明礼貌的好榜样

一个没有礼貌、举止粗俗、不尊重他人的人，在工作中很难获得同事的尊重和友好协作，在学习和生活中也不易获得友谊和快乐，因此往往缺乏幸福感。要想使孩子成长为有所作为的人，妈妈就应教孩子从小懂礼貌、讲文明。

良好的礼貌习惯是良好人际关系的起点，不懂得以礼待人的人，别人就不会尊重他，在人际交往之中就会产生许多摩擦，也会失去许多朋友和机会。每个妈妈都希望自己的孩子是一个有礼貌、有教养的孩子。从这个意义上说，妈妈应该时刻为孩子做出榜样，身教胜于言传。其实，孩子都希望自己能被大家喜欢，所以，只要妈妈教育得当，"小淑女"、"小绅士"就在你身边。

彭小玲初中的班主任在一次家长会上说起了这样一件事：班级的一些学生到一位同学家去玩，临走时，大家都忙着拿书包、穿鞋子，只有彭小玲留在了最后，她把自己坐的椅子认真摆好，把弄乱的东西也放回原处。这一瞬间的细小行为，被那位同学的妈妈看在眼里，很受感动。她说："这反映了一个学生良好的文明习惯，说明这个孩子很有教养。"

见过彭小玲的人都说她气质好，彬彬有礼，落落大方。这也是从小到大逐步养成的。在早期教育过程中，妈妈除了开发她的智力、培养能力之外，也一直对她进行着文明行为的训练。妈妈的目标不仅仅是要培养出一个聪明的孩子，更要培养出一个文明懂事的孩子。

从彭小玲学会说话、能够听懂一些简单的提示和要求时起，妈妈就有意识地在各种场合下，告诉她应该怎样做。比如早晨离开家时，要和家里人说"再见"，到了托儿所要问"阿姨好"、"小朋友好"，等等。日积月累，彭小玲变得非常懂规矩、有礼貌。从小到大，她从来没有和别的孩子打过架，也从未听她骂过人。

其实，彭小玲的妈妈所进行的这些教育，许多妈妈都做到了，那为什么有的效果差些呢？原因应该是：要么是不能一以贯之地坚持下去，仍是重智力教育轻文明启蒙，要么是妈妈对孩子要求是一回事，自己却未能以身示教，使孩子感到迷茫，不知如何是好。因此，建议妈妈首先要身体力行，同时利用一切机会培养小学孩子的行为习惯，持之以恒，反复培养训练。

● **妈妈应该这样做**

培养小学孩子文明礼貌的习惯，要从一点一滴做起。妈妈可以从以下几个方面入手：

1. 训练孩子的礼貌言行。

如果小学孩子和长辈说话时没有使用敬语"您"，那么妈妈需要言语恳切地教导孩子，并教孩子练习说上几遍，直到孩子说正确了为止。这样做的目的是为了让孩子意识到和长辈说话应该讲礼貌、有礼节。当家中来了客人，妈妈应该要求孩子主动和客人打招呼，客人告辞时，要求孩子把客人送到门口或电梯口。

2. 给孩子树立文明的榜样。

莎莎是个有礼貌的小女孩，"您好"、"谢谢"、"请"、"对不起"

等礼貌用语总是挂在嘴边。邻居都夸她是个好孩子,在学校她还获得了"文明礼貌小标兵"的荣誉称号。莎莎之所以如此懂文明礼貌,跟妈妈的教育是分不开的。妈妈是商场的售货员,自身的文明素质比较高,所以从小对莎莎文明礼貌方面的要求十分严格。在妈妈的影响下,莎莎才成了一个人见人夸的讲文明的小姑娘。

古语说:"己正而后能正人。"若要求孩子礼貌待人,首先妈妈自己要作表率,因为妈妈对孩子的影响最直接、最深刻。妈妈的身教是对小学孩子最生动、最实际的教育。妈妈应充分利用家里来客的有利时机提醒孩子,给孩子作示范,使孩子在亲身体验和实践中理解文明、礼貌、热情的含义,潜移默化地影响孩子,使孩子在耳濡目染中,逐步形成礼貌待人的品德。

3. 为孩子讲解待客的规矩。

妈妈要给孩子讲解待客的"规矩",使孩子懂得一定的行为规范。如亲友来访时,听到敲门声要说"请进";见了亲友主动问好;拿出点心、水果等热情地请客人吃,不应显出不高兴的样子或独自去吃;当大人谈话时,小孩不应随便插话;小客人来,应主动拿出玩具与小客人玩;共同进餐的人未完全入席前不得动餐具自己先吃;客人离开时要说"再见",并欢迎客人再来,等等。

4. 鼓励孩子直接参与接待。

家里来客人的时候,是图图最高兴的时候。因为妈妈总是让图图参与接待客人。欢迎客人进门,给客人倒茶、拿点心,带领客人参观自己家的房子,陪客人的小孩玩耍,等等。在待客的过程中,图图不仅增强了自己主人翁的自豪感和责任感,还学会了和别人相处的文明礼节。

家里来客,孩子一般很兴奋。妈妈不能冷落孩子,要让孩子感到自己是家庭中的一员，是小主人，待客要礼貌、热情。可以让孩子参与一些力所能及的待客活动，通过直接参与，使孩子待客的动作和技巧得到练习并逐步养成行为习惯。

5. 帮孩子掌握必要的礼貌常识。

为了训练女儿张蕾成为一个讲文明懂礼貌的孩子，妈妈可以说是煞费苦心。妈妈将孩子在日常生活中应该知道的80个基本礼仪常识，全部编成了顺口溜，分为家庭、学校、公共场所、交际四篇，还为每个基本礼仪常识编排了一个生动有趣的小故事。在这样生动活泼的教学下，张蕾很快掌握了必要的礼貌常识。

帮孩子掌握必要的礼貌常识包括两方面的内容：语言和行为。文明礼貌语言要求不说粗俗的话，日常用语包括"你好"、"早上好"、"见到你非常高兴"、"欢迎光临"、"晚安"、"再见"、"欢迎再来"、"对不起"、"没关系"、"谢谢"、"请"等。

除了文明礼貌的语言之外，还应该培养孩子文明礼貌的行为，比如尊敬师长、关心同学、热爱集体、勇于让座、主动问好、乐于助人等。孩子掌握了必要的礼貌常识，才能更好地塑造出美好的品德，进行奠定孩子幸福的基础。

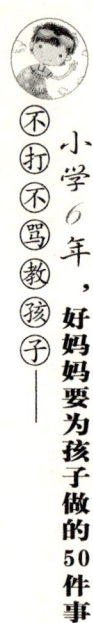

第2件事 仁者爱人,鼓励孩子奉献爱心

人人都需要爱,人人又都可以奉献爱,如果我们每个人都拥有一颗爱心,那么每个人都可以给这个世界带来一份温暖、一份成功、一份惊喜。爱有一种神奇的力量,这种力量只有那些拥有爱心的人才能发现,才能感受,才能交流。爱心能使人从幼稚走向成熟,从渺小走向博大。一个人如果能把爱心当做一种力量运用在自己的人生中,那么无论遇到什么样的困难、什么样的挫折,都能战胜,对于自己想要完成的事,几乎可以说是无所不能。

热爱人生,就会活出人的价值;热爱事业,心中就会充满激情;热爱生活,就会越活越有滋味;热爱大自然,就会获得休闲的好心情;热爱他人,就会体味到友谊的珍贵……人可以没有百万家产,也可以没有荣誉和地位,但绝不能没有爱心。"人之初,性本善",每一个小孩都是落入凡间的天使,他们的心是纯净的,是充满爱的。好妈妈要做的是保护这些可爱的天使们的本性,让他们学会奉献自己的爱心,让孩子在爱的熏陶中成长为一个心智健康、积极有爱的阳光男孩、阳光女孩。

李耽今年7岁半了,正在读小学,最近她在学习有关植物方面的知识。李耽迷上了植物,她觉得那些花草实在是太美了,便央求妈妈给她买一盆鲜花。妈妈同意了李耽的请求,带着李耽到花卉市场买了一盆小花。妈妈希望李耽看到小花生长的整个过程，并且能够自己照顾它，于是和李耽约定，由她负责照顾鲜花，给它浇水和施肥。

最初几天，李耽非常兴奋，每天耐心地给小花浇水，还根据日照的情况，不断给花盆挪动位置，并拿出本子，歪歪扭扭地在上面画出花卉生长的情况。可是没过多久，妈妈发现，小李耽给花浇水的次数越来越少了，甚至好多天都不给小花浇水，也不做记录，似乎她已把养花的事给忘了。结果，小花慢慢枯萎了，叶子也开始泛黄，生长的速度减慢了，再过几天，那盆花就要死了。

吃过晚饭，妈妈把李耽叫到阳台，说："你给花浇水了吗？"李耽低着头说："没有。""为什么没有？""我……""我们在买这盆花的时候是怎么说的？由谁负责给这盆花浇水？"李耽沉默不语。"你看，这盆花多么伤心、悲哀！她失去了美丽的叶子而变得枯黄，而这都是因为你。"以后的日子里，李耽每天坚持给花浇水，小花不久又恢复了以往漂亮的颜色。

爱心是人非常重要的品质，它是人性的基础。一个没有爱心的人，就是一个冷漠的人，一个与社会脱节的人。

古今中外，爱心被认为是一个人的基本道德和社会的灵魂。孔子说"仁者爱人"，孟子讲"王道"，都以爱为核心。著名大文学家雨果说过："人世间没有爱，太阳也会死。"没有爱，就没有世界的一切。

但现在的很多孩子自私、冷漠、缺乏爱心、不懂回报、不善于合作。如果任这种现象发展下去，我们的下一代将很难适应未来社会的发展，更不可能担负起建设祖国的重任。

爱心能使孩子从幼稚走向成熟，从渺小走向博大。所以，妈妈一定要对小学孩子进行"爱"的熏陶和教育，培养其懂得"爱"的高尚情操，培养孩子的博爱之心。

孩子有没有爱心，关键在于妈妈的引导和培养。孩童时期是人各

种心理品质形成的关键时期,爱心的形成也是在孩童时期打下的基础,因此,培养孩子的爱心,要从孩子小的时候抓起。随着孩子一天天长大,妈妈要把自己看做孩子的伙伴,陪孩子游戏、聊天、学习,让孩子感受到家庭的温暖,感受到被爱的幸福,为孩子奉献爱心打下心理基础。

俗话说:"种豆得豆,种瓜得瓜。"孩子爱心的培养,需要妈妈的爱心浇灌。世界五彩缤纷,人间丰富多彩,都需要有爱心的人去发现,去欣赏,去领悟。孩子爱心的培养,关键时期在童年。

● 妈妈应该这样做

1. 以身示教,传递爱心。

上公共汽车时,明明经常看到妈妈主动把等车的老人搀扶到车上;平时在家妈妈很尊重爷爷奶奶;邻居家有事,她也热情地过去帮忙。尽管妈妈干的都是些平平常常的事,但在这种环境中长大的明明,很自然地从妈妈身上学会了尊敬、爱和帮助别人。

妈妈的言传身教胜过无数本教科书和无数次的说服教育。妈妈是爱心传递的使者,尊老爱幼,用心去影响孩子,使孩子在潜移默化中拥有爱的感知。同时,耐心地给孩子讲解什么是爱、妈妈为什么这样做,结合生活中孩子破坏玩具、撕毁图书等不好行为进行教育,使爱具体化。孩子会从熟悉的人的言行中汲取知识,从小便会懂得:尊人者,人敬之;爱人者,人爱之。爱是相互的,拥有博爱胸怀的人,是高尚的人,是受人敬仰的人。

2. 给孩子创造实施爱心的机会。

如引导孩子主动帮助左邻右舍干些力所能及的事,或在妈妈生日时,暗示孩子表达对妈妈的爱。而当孩子付出行动后,以微笑的表情、赞扬的语气及时地给予表扬，能激起孩子产生一种关爱他人后的愉快的心理体验，并会产生不断进取的强烈愿望，从而逐步形成把关爱他人当做乐趣的相对稳定的健康心理。

3. 让孩子在体验中学会去爱。

爷爷病了，但是东东依然大声吵闹不止。妈妈说："东东，爷爷头痛，你不要大声吵了。"东东依然声调不降。后来，东东病了躺在床上，不允许全家人看电视。妈妈摸摸东东的头说："你发烧了，怕吵。还记得上次爷爷头痛吗？你在他的身边大声吵闹……是不是别人生病时，不该吵闹啊？"东东瞪大眼睛若有所思地点点头。

处在思维感知阶段的小学孩子，只有在他感觉到不舒适时，才能体验到别人难受的滋味，才能逐渐学会真切地关心、同情、帮助别人。

4. 在关心爱护孩子的过程中教会去爱。

丽丽手出血了，妈妈边包扎边说："是不是有些疼？都流血了，血对人体很重要，要抓紧时间止血。"丽丽点头，记住了妈妈的话，加上她对疼的感受，后来她也会效仿妈妈以同样的方式对待疼痛和流血的人。

孩子学事物很直观，因此在日常生活中妈妈要注重的一点是，要在点滴的事情中，用行动和语言让孩子感受到别人对他的关爱，并让孩子学会回报爱。

妈妈有责任把孩子培养成一个具有博爱之心的人，为此，妈妈首先要做一个爱的使者，长期地、不断地把爱传递给孩子。

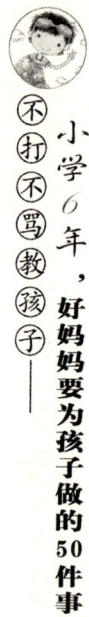

第3件事 培养孩子做个诚实的人

诚实是指个体在社会生活中,对社会、对他人、对周围事物实事求是的态度和行动,它是人优秀品质的一个重要部分。

古往今来,关于诚实有很多名人名言和经典故事。墨子说:"言不信者,行不果。"孟子说:"诚者,天之道也;思诚者,人之道也。"孔子说:"民无信不立。"德莱塞说:"诚实是人生的命脉,是一切价值的根基。"

诚实,是一种睿智。愚公之诚可移山,精卫之诚能填海,失去了诚实,所有耀眼的灿烂都将黯然失色。诚实,是一种美丽。因为有了诚实凝聚的可靠和雄厚,方使得所有的品质经得起洗礼,所有的宣言值得人们信赖。诚实,更是一笔人生的财富,它可拒绝缤纷的诱惑,它可以摒弃心中的那份浮躁,守住自己心灵的那片净土。

所以美国总统华盛顿说:"我希望我将具有足够的坚定性和美德,以此保持所有称号中我认为最值得羡慕的称号:一个诚实的人。"

乔治·华盛顿是美国第一任总统。他小时候是个又聪明又淘气的孩子。

一天,妈妈送给他一把小斧头。那小斧头新新的、小巧锋利。小乔治可高兴啦!他想父亲的大斧头能砍倒大树,自己的小斧头能不能砍倒小树呢?他看到花园边上有一棵樱桃树,微风吹得它一摆一摆的,好像在向他招手,"来吧,小乔治,在我身上试试你的小斧头吧!"

小乔治高兴地跑过去,举起小斧头向樱桃树砍去,一下,两下……樱桃树倒在地上了。他又用小斧头将小树的枝叶削去,把小树棍往两腿间一夹,一手举着小斧头,一手扶着小树棍,在花园里玩起了骑马打仗的游戏。

一会儿,妈妈回来了,看到心爱的樱桃树倒在地上,很生气。

她问小乔治:"是你砍倒了我的樱桃树吗?"

小乔治这才明白自己闯了祸,心想:今天准得挨妈妈揍啦!可他从来不爱说谎,就对妈妈说:"妈妈!是我砍倒你的樱桃树。我想试一下小斧头快不快。"

妈妈听了小乔治的话,不仅没有打他,还一下把他抱起来,高兴地说:"我的好儿子,妈妈宁愿损失一千棵樱桃树,也不愿你说一句谎话。妈妈原谅诚实的孩子。不过,以后再也不能随便砍树了。"

小乔治望着妈妈,懂事地点了点头。

教育孩子做一个诚实的人具有重要的意义。为人诚实会使孩子在今后的人际交往中受到别人的欢迎、尊重和信任。每个孩子在属于自己的圈子中总要和别人交往,在交往过程中,拥有诚实的品质往往能使孩子结交更多的朋友,得到更多的帮助,受到更多的关怀,这对孩子的身心健康发展无疑有着重要作用。

在家庭教育中对小学孩子诚实品质的培养,能使孩子抵御不良品质的侵袭。当孩子一旦形成诚实的品质后,他们就不会在妈妈、老师、同学面前或弄虚作假,或当面一套背后一套,或挑拨是非,等等。

以下通常是上小学的孩子说谎的三个原因。

赢得大人的注意:6岁之前的孩子,在与妈妈互动的过程中,非常清楚自己做了什么举动,会引起妈妈的注意。当他发现自己说了一些夸张的话或做了一些不当的举动,可以吸引妈妈给他投注更多的关

心与注意,孩子自然而然会重复这样的行为。

想象力过于丰富:较小的孩子,因为正处于学习语言的阶段,特别是游戏之中,当他们进行角色扮演的活动时,开始会运用假设性的语言,例如假设自己被偷、被抢,而不知情的妈妈常会被孩子的语言吓到。此时妈妈应该分清楚,孩子到底是在玩游戏还是表达内心的想象语言。孩子的想象力有时会超出妈妈所能理解的范围,在这样的情况下,妈妈其实大可不必太过于紧张。

自我保护或逃避责任:有时孩子为了自我保护才说谎,但狡辩的行为反而让妈妈误认为孩子缺乏罪恶感及羞耻心。事实上,正因为孩子有了强烈的不安才会害怕承认,辩称不是自己所做的;或在其以往的经验认知中,承认或说实话的结果,都是受到严厉的处罚,心中害怕。其实,如果妈妈处理这类问题时,能保持冷静的态度,缓和孩子的害怕,那么他们也就不必用谎言来保护自己。

有的妈妈遇到孩子说谎时,会相当自责,认为自己的管教方式不对;有的妈妈则是反应过度,好像孩子犯下了滔天大罪;也有的妈妈似乎不太在意这个问题,反而让孩子不懂得说话的分寸。专家表示,其实最好的态度是妈妈与孩子一起面对这样的问题,帮助孩子找到比说谎更好的方式,去解决眼前遇到的困难。

● 妈妈应该这样做

培养小学孩子成为诚实的人,妈妈应该这样做:

1. 妈妈要做好榜样。

曾子是个非常诚实守信的人。有一次,曾子的妻子要去赶集,孩子哭闹着也要去。妻子哄孩子说,你不要去了,我回来杀猪给你吃。她赶集回来后,看见曾子真要杀猪,连忙上前阻止。曾子说,你欺骗了孩子，孩子就会不信任你。说着，就把猪杀了。

曾子不欺骗孩子，也培养了孩子讲信用的品德。妈妈以身作则，给孩子树立诚信的好榜样，就能收到事半功倍的教育效果。

2. 搞清孩子不诚实的原因。

先了解孩子说谎的原因是为了自我保护，赢得妈妈的注意，还是孩子分不清故事与现实生活有一定的距离。白雪公主故事中的魔镜，会让他们时而有游戏的效果，时而又令他们害怕，通常要到五岁左右，他们对现实与幻想之间才有一定的认知区别。

3. 要鼓励孩子的诚实行为。

孩子有了过错，当他如实向妈妈汇报以后，妈妈在处理时应该明显地和对待他说谎时的态度有所不同。错误自然要批评，因为这种批评是让孩子明是非，辨善恶，是对他的人生负责。但另一方面，妈妈不但不能由于孩子承认过错而加重责罚，还要对这种说实话、敢认错的行为给予表扬。这种表扬可以巩固孩子说实话这一美德，同时，对孩子勇于改正错误也大有裨益。

丁丁的妈妈从小就注重对他的诚实教育。丁丁一旦犯了错误，只要承认，妈妈就不会惩罚他；如果主动承认错误，还会有奖励。一次，丁丁踢球将邻居家的玻璃砸坏了。虽然没有人看见，但是丁丁主动向邻居承认错误，并拿出自己的零花钱赔给了邻居。妈妈知道这件事情后，不但补上了丁丁的零花钱，还表扬了孩子这一正确行为。

若诚实之后带来的都是怒骂、指责，说谎行为将继续出现；孩子说出真情后，需要妈妈的谅解，进而一起跟着想办法，诚实才会成为生活的一部分。因此，妈妈应该注意控制自己的对情绪，当意识到有负向情绪时，可暂时离开或沉默几分钟后再谈。

4. 进行适当的惩戒。

欢欢花钱大手大脚，还经常偷家里的钱。一天，妈妈发现家里的

钱又少了,而欢欢的书包里悄悄地多了几件玩具。很明显,又是女儿干的。妈妈问欢欢:"你是不是又拿家里的钱了?""没有。"欢欢又像以前一样,很干脆地否认。为了纠正欢欢的不良习惯,妈妈决定对欢欢进行制裁。第二天,妈妈停止了给欢欢零花钱,并说:"什么时候,你跟我说实话了,什么时候再给你零花钱。"第二天,欢欢死咬着牙不承认。第三天,没有零花钱太难受,欢欢只得承认了。妈妈趁机对她进行了教育,告诉她做人要诚实的道理。从此,欢欢不再偷钱和撒谎了。

有些妈妈往往采取惩戒的方法纠正孩子不说实话的坏习惯。这种为"戒"而"罚",也是爱的基本方式之一,然而这又是一种最棘手和带有风险的爱,因为小学孩子容易对施加惩戒的人产生抵触心理。但是,如果你的惩戒出于爱心,又执行得合理、巧妙,事后讲清道理,孩子会心悦诚服,真正认识到自己的错误。在认真耐心的教育之后,孩子又出现说谎等负面行为,可以采取一定的惩罚措施。

第4件事　让孩子做个勤奋的好少年

现在的孩子绝大多数是独生子女，因而在家庭里的地位十分突出，被父母视为"掌上明珠"、"心肝宝贝"。不少妈妈对孩子过分溺爱、百般迁就，在孩子幼小的心灵里播下了"特殊化"的种子。久而久之，孩子的心目中只有自己，逐步滋长起自私、任性、依赖、懒惰等不良的行为习惯。

江林是个男孩子，今年上六年级了，他非常聪明，但有一个缺点就是懒惰，就连头也不爱洗，每天都是妈妈催促他才不情愿地洗，对于学习也比较懒惰，老师说他的成绩应该在前十名，可实际却在三十多名。他的妈妈是一名初三老师，管自己的学生没问题，可就是管不了自己的孩子，孩子马上就要升初中了，为此他的妈妈非常着急。

他妈妈谈起江林时说："从江林刚刚懂事起，我就经常给他灌输将来考大学、当科学家的思想。江林上小学了，我便把学习成绩作为衡量他进步与否和实行奖惩的唯一标准。为了让他把全部精力用在学习上，我宁愿自己受苦受累，也不让他干一点活儿。他也没主动要求来帮我。尤其是孩子考上重点小学后，我觉得他十分争气，便晚上帮他铺床，早晨替他叠被；刷锅、洗碗、扫地和洗衣服之类的事，我也从来不让他沾手。这样日久天长，江林逐渐养成了衣来伸手、饭来张

口的习惯,十来岁了,不要说帮家里干活,就连自己每天穿什么衣服、换什么鞋,都要一一请示,静候我'代理'。"

由上述案例可以看出,懒惰是孩子人生路上的绊脚石。勤奋永远是成材的钥匙,永远是孩子成材的第一推动力。孩子具备了勤奋这种可贵的品质,就等于拥有了成功的一半。所以,妈妈一定要纠正孩子身上懒惰的恶习,培养孩子勤奋的美德。

"劳动创造了美。"这是马克思对劳动的精辟总结。可以说,教育孩子热爱劳动是妈妈的一项重要责任。因为孩子将来的幸福,要靠孩子自己的劳动去创造。

孩子热爱劳动的素质开发够不够,很大程度上取决于妈妈怎么做。现在许多妈妈对孩子的教育,有两个看似对立实则统一的态度,这种教育态度是造成孩子劳动素质不高的重要原因:一是把孩子放在保温箱里。这种宠爱、溺爱,把孩子当小皇帝一样对待的态度,是造成孩子劳动能力比较差的原因之一。二是对孩子一方面是溺爱,同时又表现出某种专制。爱得非常细致、全面,对孩子又有种种戒律:你只能这样,只能那样;不能这样,不能那样。"全方位"管制。

许多妈妈其实也意识到了对孩子教育所存在的问题,不少有见识的妈妈为自己的儿女安排了一些特殊的假期活动,如推销、打工、卖报纸,等等,这反映出了她们对孩子弱点的忧虑及改变现状的期望。

● 妈妈应该这样做

对孩子劳动能力的培养,建议妈妈从以下几个方面入手:

1. 鼓励孩子多参加劳动。

今天是星期天,默默起床后,在客厅百无聊赖地看着电视。这时候，妈妈抱着一大堆衣服出来洗，走到默默身边，妈妈说："默默，你也把你自己的衣服洗洗吧。"默默想了想，把考试期间积攒的所有脏衣服通通拿了出来，花了整整一上午，洗了大约10件的样子，累得实在没有力气了。不过，默默很高兴。中午吃饭的时候，妈妈问默默："劳动的滋味怎么样？"默默眼珠一转，说："爽！"妈妈笑笑，"那下午你就再干点儿活吧。"默默点了点头。下午，默默和妈妈一起把屋子彻彻底底打扫了一遍，体验到了劳动的乐趣。从此，每到周末默默都会主动参加家务劳动了。

孩子最初热爱劳动可能是在学校里，最不爱劳动的孩子在学校干得也很出色，因为他们都很希望得到老师的夸奖，当老师表扬他们的时候，心里总是美滋滋的。回到家里，由于环境的变化，孩子可能不屑一顾，胡乱糟踏，很少主动地去帮家里做一些力所能及的家务。

鼓励是教育孩子热爱劳动的最好方法。日常生活中有许多小事都需要劳动，爱劳动的孩子随时都能发现要干的事，不爱劳动的孩子即便是油瓶倒在脚下都不会弯腰去扶。要培养孩子良好的习惯必须从一点一滴做起，如经常鼓励孩子清扫楼道、倒垃圾等。一开始孩子可能不愿意干，假以时日，慢慢地就会成为习惯。

2. 相信孩子能做好。

孩子做任何事都需要信任，对劳动也是如此。妈妈如果不放心、不信任，甚至怀疑孩子能否做好某一件事，这对孩子很不利。相反，你若信任他，在鼓励他的同时，让他放开手脚，让他大胆地去干，他会感到劳动的快乐，品尝到劳动换来的胜利果实。请相信，孩子在你鼓励和信任的目光下，一双稚嫩的小手，才会变得格外勤劳。

3. 树立孩子的劳动信心。

小易很勤快,平时只要妈妈抹个桌子拖个地什么的,他都会抢着干。见到他的这种勤快劲头,妈妈就夸他勤快和干得好。小易本来还怕自己干的活妈妈不满意,经妈妈一夸奖,他的劳动信心增强了,更勤劳了。每天早上冲完澡后,他一定要自己洗衣服洗毛巾什么的,连搓带揉,洗得可起劲儿了。妈妈看到勤快的小易,会心地笑了。

孩子经过一些简单的劳动锻炼之后,会发现自己有很大的潜力,也能干出好多好多大人能干的事,这时他会沾沾自喜,很可能失去刚参加劳动时的热情。妈妈一定要持之以恒,不时地以一些优秀的典型做比较,例如"十佳少先队员"的事迹。相比之下,让他觉得自己干的不过是一些微不足道的事,只有长期坚持才有好的效果,只有看到别人的长处,才会感到自己的不足。但在比较的同时,不要轻易否定孩子的成绩。

莹莹是个非常热爱劳动的孩子。妈妈带她去超市购物,她总会非常卖力地帮妈妈推购物车。到结账的时候,她若是站在购物车上,她会很热心地帮妈妈把车上的东西往收银台上放,然后心满意足地看着收银员继续下面的工作。每当这时候,妈妈总是夸她勤劳。

平日里,有个垃圾什么的,妈妈让她去扔,她总是非常乐意地跑到垃圾桶前,认真地扔进去。在妈妈的称赞下,莹莹成了家里、学校里都非常有名的勤劳孩子。

妈妈可抓住适当时机,承认孩子的努力、耐力和勤奋,其范围可从一句简单的"我喜欢你努力"到对其所作出的预习、许诺和忍耐等给予详尽的评论。另一个提供机会的领域,是妈妈指导孩子,比如打扫房间或完成功课这些任务。妈妈对完成一项任务和做好一项工作所确立的标准要告诉孩子，妈妈关注努力勤奋的程度。例如，"我更喜欢你津津有味地去做这件事"这句话倾向于强调勤奋与投入，而讲"仅仅把这项工作完成"则不存在这种倾向。

孩子的"懒惰"是长期形成的行为习惯，也是长期形成的心理习惯。生活中有些基本的事情是必须要自己做的，别人替代不了，别人也没有义务替代。所以说孩子对自己没有责任感，这要从孩子的日常生活培养，妈妈甚至要求孩子不仅完成自己的事情，而且也要承担一部分家务劳动，这样的劳动习惯越早培养越好。

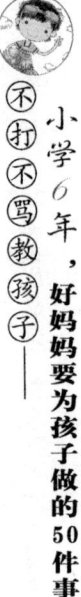

第5件事 孝敬父母，培养孩子的孝心

中国有句古语："百善孝为先。"意思是说，孝敬长辈是各种美德中占第一位的。一个人如果都不知道孝敬父母，很难想象他会热爱祖国和人民。

"孝道"是中华民族传统文化的精粹，是人类最高贵的感情。羊有跪乳之恩，鸦有反哺之德。我国是一个礼仪之邦，孝敬父母是中华民族的传统美德，是衡量一个人为人处世的基本标准，它体现了最根本的人性和道德观念。

"孝"的核心内涵就是爱敬长辈。家庭内的孝，是指赡养父母，衣、食、住、行、思想上照顾老人，尽人子之责。家庭外，孝敬家庭宗亲长辈、外戚长者，以及社会上所有长辈。孝道是民族传统道德的一个重要范畴。孔子曰："夫孝，德之本也，教之所由生也。"几千年沿袭的做人准则，也是中华文化的本源之一。

11岁的朱洪山从小在外婆家长大，与外公、外婆感情很深，去年6月，外公去世了，外婆被接到他家来住，可后来听说家人要把原来的老房子卖掉，外婆说什么也不愿意。家人无奈只好随她搬回原来的房子居住。小洪山看到妈妈及其他亲属都忙于生计，顾不上陪伴老人，在一次家庭会议上，小洪山自告奋勇地替大人承担了陪伴外婆的任务。

外婆家离他家有一公里左右，他每天放学后便抓紧时间做作业，吃过晚饭后就到外婆家去，干一些提煤、倒炉渣等力气活，还陪外婆看电视、聊天、讲故事、讲笑话，一年多从未间断，使78岁高龄的外婆备感欣慰。

10月初的一天，洪山偶尔看见外婆与其他老人一起去听健康讲座，其他老人都搬着方便轻巧的小马扎，而外婆却搬着又重又硬的木制方凳，于是他就利用星期六和星期天的时间到附近的农业连队拾花挣钱，给外婆买了一个马扎。外婆心里特别高兴，逢人便说："我的外孙是个大孝子，这是我的福气呀！"

尊重长者、孝敬父母是中华民族的传统美德。有无孝敬父母的美德，不单单是子女对父母的关心，其实质是一个人能否关心他人的大问题。在家里能养成孝敬父母的好习惯，到社会上才有可能做到关心他人，也才有可能做到对祖国忠诚。因此，妈妈千万不要忽视培养小孩子尊敬长者、孝敬父母的好习惯。

"老吾老，以及人之老；幼吾幼，以及人之幼。"教育孩子不仅要孝敬自己的父母，还应该尊敬别的老人，爱护年幼的孩子，在全社会造成尊老爱幼的淳厚民风，这是新一代妈妈的责任。

● 妈妈应该这样做

1. 给孩子做孝道的榜样。

晓琳是个很孝顺的人，她时刻不忘照顾年迈的双亲。平时因居住地较远、工作较忙，不能和老人朝夕相处。在休假日，晓琳要尽量抽时间带上女儿欣欣去看望老人，帮老人做些家务，与老人共聚同乐。天长日久，欣欣耳濡目染，也逐步养成了尊敬长辈、孝敬妈妈的好习惯，对晓琳非常孝顺。

妈妈本人要做孝敬长辈的楷模。孩子对待妈妈的态度，直接受妈

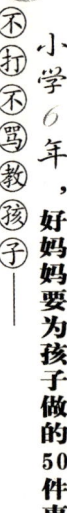

妈对待长辈态度的影响。孝心就是在一代代父母的身体力行中传承、沿袭下来,在父母的榜样作用下养成的。因此,要想培养孩子的一颗孝心,妈妈首先要以身作则,要做孝敬长辈的楷模,因为"身教重于言教"。

2. 从小抓起、从小事做起。

让孩子养成孝敬父母的好习惯,要从一点一滴的小事着手塑造和培养。如:平时教育孩子要关心妈妈的健康,要帮妈妈分担忧愁,要帮助妈妈做家务。当孩子不会时,妈妈要耐心地教;孩子做错事时,不要横加指责;孩子做得好时,要多表扬、鼓励。小学孩子只有在亲身实践和体验中才能体会到妈妈的辛苦,从为别人付出的体验中才能体会到妈妈的辛苦,感受到为别人付出的快乐。

3. 让孩子了解妈妈养家的辛苦。

为了让儿子卡卡了解挣钱的辛苦,妈妈每月给卡卡定了 4 个劳动日。在劳动日里妈妈不给卡卡零花钱,而让卡卡自己来挣——干家务,妈妈支付卡卡相应的报酬。这天又是劳动日,卡卡想要一个玩具熊,为了挣够所需的钱,卡卡一直干到下午。当把玩具熊抱到怀里的时候,卡卡不由得叹气:"妈妈每天都这样辛苦,真是不容易啊!"

现在不少孩子不知道妈妈的工作情况,不知道妈妈的钱是怎样来的,只知道向妈妈要钱买这买那,认为妈妈让孩子吃好的、穿好的、用好的是天经地义的。这样的孩子怎么会从心底孝敬妈妈呢?为此,妈妈应当有意识地经常把自己在外工作的情况和收入情况告诉孩子,让孩子明白妈妈的钱得来不易,孩子自然就会逐渐珍惜自己的生活,也会从心底产生对妈妈的感激和敬重。

4. 给孩子制定孝道家规。

没有规矩不成方圆。在一个家庭中,孩子必须知道什么是应该做的、什么是不能做的。这样才能用正确的言行规范自己。妈妈可以给孩子设立"五要"、"五不要"的孝道家规。"五要"是要了解妈妈，要亲近妈妈，要关心妈妈，要尊重妈妈，要体贴妈妈。"五不要"是不要影响妈妈工作与休息，不要惹妈妈生气，不要和妈妈顶撞，不要独占独享，不要虚荣攀比。

5. 让孩子学会感恩。

恩恩是个十分懂事的孩子，他特别心疼父母。有一次，恩恩正在上课，突然肚子很痛，浑身冒汗，脸色也变得苍白，老师看见了，连忙给恩恩妈妈打了电话。妈妈得知后，焦急万分，原来30分钟的路程只用了20分钟就赶到了，并迅速地把恩恩送进了医院，幸好没事，但看到妈妈楼上楼下又找医生又拿药，忙得满头大汗，恩恩被这温暖的亲情感动了，扑到妈妈怀里说了声"谢谢"。妈妈的眼圈刹那间红了。

感恩之心是孝心的亲情基础。做妈妈的应有意识地让孩子体会妈妈的辛苦，体会妈妈挣钱养家的不容易，体会妈妈对孩子的亲情，体会妈妈也同样需要孩子的关心和爱。因此妈妈不妨经常给孩子讲讲自己一天的情况：起床、做饭、洗衣服、整理家务、上班等，让孩子体会到妈妈是如何关心自己的，如孩子生病了，妈妈怎样心疼，怎样整夜地不睡觉护理孩子……细节最能感染人。知恩就要感恩，感恩就要报恩。要让孩子从小养成关心父母、体贴父母、爱护父母的好习惯，如为妈妈梳梳头、给爸爸捶捶背，等等。

第6件事　磨炼孩子的坚强意志

爱迪生说过:"伟大人物最明显的标志,就是他坚强的意志,不管环境恶劣到什么地步,他的初衷与希望仍不会有丝毫的改变,而后克服困难,以达到预期的目的。"

法国作家司汤达也说过:"对于意志坚定者,不管决定多么严峻,他都不会考虑自己的命运,只会要求自己有坚定的、不折不扣的执行决定的勇气。"

成功需要坚强的意志。在人的一生中会遇到无数的失败,如果只想到失败的痛苦,而不去寻找失败的原因,那么这一生就注定失败;相反,如果在失败后及时总结失败的教训,用坚强的意志战胜失败,那么,就一定会获得成功。

成功并非唾手可得,成功也不是别人双手奉送的,成功靠的是坚强的意志、矢志不渝的坚贞、持之以恒的耐力。一个人要想成功,首先就应具有成功的心理品质,那就是坚韧不拔的意志。

孩子意志薄弱,耐力差,做事不能长久,往往"知之"却不能"行之",更不能"持之"。不少孩子上课注意力不能持久、成绩忽高忽低、屡犯小错等,都是意志薄弱的表现。特别是一些成绩差的孩子,更是缺少这一品质。

所以,妈妈要想让孩子获得成功,首先应培养并磨炼他们的意志。

1955年，张海迪出生在山东济南。还不到6岁，小海迪患了脊髓血管瘤，病情反复发作，非常难治。5年中，她做了3次大手术，脊椎板被摘去6块，最后高位截瘫。看着伙伴们高高兴兴地一起跳皮筋、高高兴兴地一起背着书包上学校，海迪幼小的心灵，简直要被痛苦压碎了。每当她坐在窗口，向外看着那些过往小孩的身影，心里是多么羡慕啊！已经到了上学的年龄，而海迪只能呆在家里，她也想去学校读书啊！

一天，海迪终于按捺不住心中的渴望，就对母亲说："妈妈，我要上学！"尽管海迪非常有决心，病情却是无情的，每当病痛折磨海迪时，坚强的她没有流泪，疼得实在厉害时，为了分散注意力，她就猛揪自己的头发，企图用一种疼痛来代替另外一种疼痛。渐渐地，她揪下来的头发，都能编成一条辫子了，可见她忍受了多么大的痛苦啊！

对海迪来说，家是一所特殊的学校。在这个学校里，聪明、好学的海迪学会了很多知识。在所有功课中，海迪最喜欢学习语文，在10岁的时候就能读长篇小说了，虽然读得很辛苦，但她不气馁。她很喜欢读《卓娅与舒拉的故事》。

除了语文，海迪对别的功课也非常用心，一点儿也不肯浪费时间。在整个童年，她以顽强的意志，认真学习，始终用心对待每一个字、每一行句子，自学了小学、中学的全部课程，实现了"轮椅上的梦"。用海迪自己的话说，她没有愧对自己的童年，也没有愧对那些美好的光阴。

在那里，张海迪度过了15年的时光，爸爸妈妈的爱、小伙伴及朋友的爱，也使张海迪更有信心面对未来。忍着病痛，刻苦学习的张海迪终于自学成材，取得了成功。

意志是一个人是否成功的关键，现在的大部分孩子都缺乏意志力，他们生活在家人的宠爱与包办下，缺乏自我解决问题的能力、坚

持不懈的毅力及抵抗挫折的耐力。这样的孩子在以后的生活中会遇到各种各样的麻烦，明智的妈妈应该从小就培养孩子坚强的意志力，给孩子的成长上一道保险。

意志力坚强的人，面对困难往往不会退缩，反而奋发图强，努力在困难的环境中做出一番成绩来。而意志力薄弱的人，往往无法坚持完成自己的目标，更不要说遇到困难时努力克服。因此，要让我们的孩子拥有勇敢、乐观、健康的人生，必须从小培养他们良好的意志力。

意志，是一个人决定达到某种目的所产生的心理状态。而意志力，则表现为一个人实现自己生活、学习、工作直至人生目标的重要品质，同时，也是一个人克服困难、跨越障碍、解决矛盾的心智力量。可想而知，培养孩子的意志力，是非常重要的教育课题。

● 妈妈应该这样做

1. 在困难中磨炼孩子的意志。

意志是在克服障碍或战胜困难中逐渐形成的。一帆风顺是不可能培养意志的，而生活是不可能一帆风顺的。为了培养孩子坚强的意志，妈妈可以通过创设困难的情境来达到这一目的。如出一道题，要求孩子一定要做出并做对，开展"我当一次家"、"自己的事自己做"等活动，体会生活的艰辛，让孩子在劳动锻炼、体育锻炼、夏令营活动等多种环境中磨炼意志，锻炼孩子不怕困难、坚持到底的毅力。

2. 在失败中磨炼孩子的意志。

妈妈要让孩子经受多次失败和连续失败，但最终要获得成功，不然孩子就会丧失意志。如：科技月中做一个有点难度的科学实验，让孩子在失败中总结原因，找到方法，最终做成功，并告诉孩子居里夫人是科学家，她的成功靠的是无数的科学实验，靠的是坚持不懈、夜以继日，是一次次的失败换来的。

3. 在竞争中磨炼孩子的意志。

有了竞争才会有进取心，才能产生克服困难的毅力。竞争是动力，妈妈要多用竞争机制让孩子相互比赛，相互帮助，克服自甘落后的精神状态，力求上进。如开展跳绳比赛、登高比赛、学习竞赛等，在竞争中激进成功心理，培养意志力。

4. 帮助孩子在自我斗争中磨炼意志。

跟自我斗争是磨练意志的好办法。妈妈要帮助孩子克服性格中软弱、偏执、消极的一面，要让孩子自我完善，自我提高，把外部的压力转化为对自我的要求。妈妈平时要求孩子"对自己严一点，对他人松一点，对集体奉献一点"，在孩子的自我教育中逐渐形成其内在的品质和毅力。

意志品质主要靠后天的教育培养，影响孩子意志的各个因素变化很快。因此，妈妈必须从小抓好孩子意志品质的培养，时刻不能放松。

第7件事　告诉孩子要朴素节俭

中国有句古训:"成由勤俭,败由奢。"意思是成功由勤劳节俭开始,失败因奢侈浪费所致。即使到了现在,这个朴素的真理也不过时。勤俭节约,向来是我们中华民族的优秀传统美德。

节俭应是孩子品格中的重要内容。如何做人,要从娃娃抓起。很难想象,一个从小大手大脚随便浪费的人能创造一番事业,建设好家庭。

奢侈浪费的习气不仅仅是多花点钱的问题,关键是会在思想与人格上打下只知享受不知奋斗、只愿索取不愿付出的烙印,长大后轻则拈轻怕重碌碌无为,重则走上犯罪的道路。因此,做妈妈的务必积极地采取有效措施,帮助上小学的孩子养成朴素节俭的好习惯。

提倡节俭对孩子的健康成长影响极大。节俭可以使孩子集中精力,把身心投入到学习和事业上来,关系到孩子一生事业的成败。节俭可以培养孩子坚强的意志和战胜困难的不屈不挠的精神,是人生的巨大财富。节俭还有助于孩子体察他人的疾苦,培养对人的爱心,有利于孩子健康人格的形成。这些对于孩子的成长都具有极为重要的意义。

现代著名作家郁达夫很小的时候,父亲就去世了。从此,一家6口人的生活重担都落在了妈妈的肩上。郁达夫从小就很有读书的天分，成绩很好，妈妈省吃俭用供他上学，家里日子过得十分清苦。

郁达夫13岁那年，考进了县立高小，而且由于入学后勤奋苦读，成绩十分优秀。为此，他受到了县里的嘉奖，并且跳级升班，一举成为小小富阳城中的"知名人物"。在荣誉和赞扬之中，郁达夫逐渐产生了虚荣心，并开始在穿着打扮上讲究起来。

第二学年开学了，郁达夫嗫嚅着跟妈妈说："妈妈，我想买一双皮鞋。"因为学校发了黑色的制服，很多同学都配上一双闪亮的皮鞋，神气极了。而他总是穿着一双布鞋，显得非常"土"。

妈妈听了他的要求，没有说什么，只是笑了笑。她决定用实际行动来纠正孩子的这种不良思想。第二天，为了满足儿子这在一般家庭中并不算过分的要求，她走家串户，想尽了办法，还是筹不够钱。无奈，只得想到"赊欠"。

她带着儿子走了一家又一家鞋店，都没有赊成。每进一家商店，掌柜的起先都是笑脸相迎，客客气气地把一双双皮鞋拿出来给郁达夫试穿，当他们一听到希望"赊欠"时，立刻白眼相对，收起皮鞋，不再理睬了，有的甚至还要说几句刺耳的话。他们走了一上午，在被最后一家商店拒绝赊欠之后，妈妈的眼眶浸满了泪水。

这时，郁达夫看着妈妈粗糙的双手，觉得很惭愧。他拉着妈妈，无言以对，低下头，默默地跟着妈妈回家了。

回到家里，郁达夫的眼前仍浮现着买鞋的情境。不一会儿，他听到有人下楼来，抬起头一看，他愣住了，只见妈妈手里拿着一包衣服。原来，妈妈是要去当铺把这些衣服当了，再去买回儿子日思夜想的皮鞋。眼前的一切，使郁达夫非常难过，他内疚、后悔，恨自己不懂事，让妈妈如此为难。看着妈妈，郁达夫深深地理解了妈妈的心，同时也

懂得了生活的艰辛。

他再也忍不住自己的泪水,一下子投入妈妈的怀抱。他紧紧抱着妈妈,哭着说:"妈妈,你别去了,我不要皮鞋了!"妈妈站在那里,也禁不住落下辛酸的眼泪。

但流过眼泪之后,她却欣慰地笑了,因为她知道自己的孩子已经明白了人生的真谛。

买皮鞋的风波很快过去了,但它对郁达夫的触动很大。郁达夫不仅体会到了妈妈的艰辛,而且从此养成了朴素节俭的美好品质。

郁达夫的妈妈让孩子明白节俭的重要,不但感动了孩子,更使孩子懂得真正值得人生追求的应该是什么。每一个妈妈都应该向郁达夫的妈妈学习,以身作则来培养孩子朴素节俭的优秀品质。

俄国教育家苏霍姆林斯基强调:节俭教育是对孩子品格教育中最重要的任务。

作为一个称职的妈妈,应该明白:勤劳节俭是一个民族发展的基础,是一个国家进步的保障。加强对孩子勤劳节俭的教育,既是继承我国传统美德的要求,又是新时代发展的要求。从小在家庭里培养孩子节俭朴素的习惯,必将使孩子受益一生。

● **妈妈应该这样做**

为了培养孩子勤俭节约的习惯,妈妈们可以参考以下几个建议:

1. 让孩子理解节俭的意义。

妈妈要用节俭的故事和周围孩子节俭的事例教育孩子,让孩子知道节俭是美德,也是生活的必需。在教育中,妈妈要赞赏节俭的行为,批评奢侈浪费。妈妈要让小学孩子理解生活的艰难,理解人在生活中难免会遇到各种困难,而节俭则可以做到有备无患,帮助人渡过难关。

2. 以身作则，树立节俭的榜样。

小敏在饭桌上经常浪费，吃剩下的半块馒头、半碗米饭和菜，他都会毫不犹豫地倒掉。每当这时候，妈妈都会皱起眉头。但是，妈妈没有批评小敏，而是以身示范，不但将饭菜吃干净，而且连掉在桌子上的米粒都捡起来吃掉。看到妈妈的行动，小敏脸红了。很快，小敏主动改掉了浪费饭菜的坏习惯。

妈妈要以自己的节俭行为影响孩子，用自己艰苦朴素的作风感染孩子。如将洗衣服的水留下来冲厕所、爱惜家里的东西、小心存放不用的东西等。

3. 教育孩子珍惜物品。

首先，要在生活细节上养成节约的习惯，比如爱惜粮食、人走灯灭、一水多用、爱护衣物等；其次，在使用学习用品上要讲节约，不要因为写错一两个字就撕掉一大张纸，不要老是碰断铅笔芯等。

4. 教孩子学会科学消费。

丹丹是个三年级的小学生，在妈妈的训练下，颇懂得节约。一次，妈妈带丹丹去市场，看到有很多玩具，就要给她买，丹丹却坚决不要，她说："这个不是必需品，买了是浪费，我不要！"卖玩具的售货员都笑了。还有一次，妈妈要买发卡，她说："妈妈，你头上有一个，不用买新的。"后来，妈妈好一通说服，告诉她："妈妈头发不扎好，不能去上班的。"她才同意妈妈买。

孩子的消费行为是由被动逐步走向主动的，从小学低年级开始就应该教孩子如何买东西、如何用钱、如何选择物有所值的物品。要教孩子把钱保管好，防止丢失、被窃。让孩子养成先认真思考再花钱的习惯，避免盲目消费。有些妈妈让孩子"一日当家"、记收支账，是教孩子学会理财、培养节俭品质的好方法。

5. 帮孩子克服攀比心理。

比钱比物只能使孩子贪图安逸，失掉勤劳朴实的品质。因此，妈妈要教育孩子克服攀比心理，教孩子比学习、比劳动、比品德。

节俭的美德是传家宝，在孩子身上应得到继承和发扬。为了培养孩子节俭的品质，当妈妈的从认识到行为，都应给孩子做出好榜样。孩子拥有了正确的价值观、消费理念和节俭意识，将会受用一生。

第8件事　教孩子学会勇敢承认错误

妈妈都希望孩子能认真学习。有些妈妈常常会说："孩子，只要你念好了书，什么你都不用管。"其实，唤醒孩子内心的责任心，才能让孩子在心理、思想上产生深层次的变化。妈妈要有意识地教会孩子学会发现错误。妈妈要了解上小学的孩子的能力、爱好、性格及少儿所特有的心态，这样，才能对孩子循循善诱，使他们认清方向，少走弯路，早日成功。

台湾作家三毛生长在一个经济并不宽裕的家庭里。每个孩子每月只能得到一块钱零用。而且这一块钱也没有完全支配的自由，还得由大人监督着使用。过年得的压岁钱，大人要收去做学费和书钱。三毛的这种经济状况，远远满足不了她的需要。有一个星期天，三毛走进妈妈的卧室，看见五斗柜上躺着一张耀眼的红票子——5元钱，她的眼睛一下子直了。有了它，能够买多少糖纸啊！三毛的脚一点点地向票子挪去。当她挪到能够抓住那张票子时，突然像听到有人吼了一声，吓了她一跳。她很快定下心来，目光扫视了房门口后，猛地伸手一抓，将红票子抓到手里，双手将它捏成纸球，装进了口袋。

吃中午饭时，妈妈自言自语地说："奇怪，刚才搁柜子上的一张5元钱怎么不见了呢？"姐姐和弟弟只顾吃饭，像是没听见。三毛有点坐不住了。她搭腔道："妈妈，是不是你忘了放在什么地方了呢？"这

一关过去了，但到晚上脱衣服睡觉时，三毛害怕了，她怕妈妈摸她的裤袋。

当妈妈伸手拉她的裤子时，三毛机灵地大叫："头痛！头痛！我头痛呀！"三毛的这一手还真灵，妈妈顾不上拉她的裤子了，赶快找到温度计让她夹在胳肢窝里。当母亲和父亲商量着带三毛看医生时，只见三毛半斜着身子，假装呼呼地睡着了……

过了一天，三毛被拉去洗澡，妈妈要脱她的衣服，这一次三毛应对的方法是哭。妈妈见三毛不让自己给她脱衣服，便叫佣人来侍候三毛。在换衣之际，三毛迅速把5块钱从裤子口袋转移到手心里。洗澡的整个过程中，她都死死地捏着那5块钱。

三毛一面洗澡，一面在脑子里策划如何扔掉这个弄得自己坐立不安，却又不能继续背下去的包袱。在她转动小心眼的时候，外面等着洗澡的人把门敲得咯咯响。管他呢，就这样办了。浴室门一开，三毛箭一般地跑进了母亲的卧室，不等穿好衣服，便将手里那块烫嘴的"小排骨"扔进了五斗柜和墙的夹缝里。

次日早晨，三毛像发现新大陆一样，惊讶地大叫一声："哎呀，妈妈！你的钱原来掉在夹缝里了！"全家人相对一笑。妈妈给三毛找了个台阶下，她说："大概是风吹的吧。找到了就好！"

后来姐姐和弟弟向三毛透露了一个秘密——我们都偷过家里的钱，妈妈也都知道。这一次妈妈也是在等着你自己拿出来。三毛好后悔，原来大家一直在观看自己演戏。

试想一下，如果孩子说了实话，妈妈知道是孩子做了错事，反而大发雷霆，把孩子痛打一顿，那孩子以后还敢说实话吗？妈妈的宗旨是让孩子感到对妈妈讲真话并不可怕，完全可以得到妈妈的谅解，而不必说谎。

如果妈妈发现孩子犯了错，不要仅就错误本身批评孩子："你这么小就不断犯错,长大了那还了得?"这样的训斥对孩子没有丝毫的帮助。真正需要做的是对孩子的行为进行观察,必要时对孩子的言行做些调查核实,这样可以了解孩子犯错的漏洞。

纠正孩子犯错要采取"冷处理"的办法,即让孩子经过长期的思考与自我道德评价后,自己承认错误。

● 妈妈应该这样做

妈妈要把孩子培养成一个能够勇敢承认错误的人,要从以下几方面做起:

1. 要有行为规范的具体要求。

要教育小学孩子敢于承认错误,光讲道理不行,要有行为规范的具体要求,让孩子从小就按诚实的标准来严格要求自己,自觉养成说实话的良好习惯。因此,妈妈要针对孩子的实际情况,提出"几要几不要"的具体要求,比如不拿人家的东西、不编瞎话、不说大话、不谎报成绩,等等。

2. 要鼓励孩子说实话。

芸芸是个上小学二年级的小姑娘,她的胆子非常小,有一次她将家里的水瓶打破了,怕爸爸骂她,所以,她说是家里的猫碰坏的。爸爸一听她就是在说谎,狠狠地打了她两巴掌。从此以后,芸芸再有什么错误,都不敢跟爸爸妈妈说了。后来,妈妈发现了这种情况,就开始纠正芸芸的这个毛病。一次,芸芸偷拿了家里5元钱,妈妈温和地做她的思想工作,她爽快地承认了。妈妈又奖励她5元钱,并说:"孩子,犯错误并不可怕,可怕的是犯了错误不敢面对。我希望你做个诚实的孩子。"芸芸用力地点了点头,说:"我记住了,妈妈。"

"人非圣贤,孰能无过",小孩子犯错误是再正常不过了。首先,

家长应该正视孩子犯错误这一问题。如果孩子犯了错误，而他又碍于自己的虚荣心或者怕损害自己形象而不去承认，妈妈就要告诉孩子，这样是不对的，诚实是一个好孩子必备的品质，敢于说实话的孩子才是一个真正的好孩子。

3. 应及时进行教育。

孩子做错了事应及时进行教育，今天的事今天办完。时过境迁再进行教育，会使孩子不明所以，削弱实时教育的效果。妈妈应以理服人，孩子做错了事，在进行教育时，必须"晓之以理"，使孩子明白所做的事情为什么不对。

4. 教育应前后内外一致。

杉杉的爸爸妈妈给她规定：犯了错误，主动承认有奖励，隐瞒则要受惩罚。一天，爸爸妈妈不在家，杉杉自己在家里玩火，一不小心将床单烧着了，差点酿成火灾。

邻居过来将火扑灭后，杉杉怯生生地跟爸爸妈妈打电话说："爸爸，我玩火了……"爸爸说："嗯，敢于承认错误是好孩子。"杉杉接着又说："……我把床单烧着了……""什么？"爸爸在电话里的声音变了。"床烧掉了半个，沙发也烧了……"杉杉对着电话继续说。"你小子！反了！看我回家怎么收拾你！"爸爸在电话那端大发雷霆。

杉杉沮丧地等待爸爸回家惩罚自己。但是，爸爸回家之后，并没有惩罚他，反而奖励了他一支很久前就想要的钢笔，并说："你在我们没有发现前就打电话通知了我们，算你主动承认错误，依然有奖励。"原来，是妈妈劝住了暴跳如雷的爸爸。妈妈告诉爸爸："我们既然跟孩子约定'犯了错误，主动承认有奖励，隐瞒则要受惩罚'，现在孩子既然没有隐瞒，而是主动承认，那么无论他犯了什么样的错误，我们都应该信守承诺，保持教育的前后一致，这样才能给孩子树立好的榜样。"

教育必须保持一贯性。切忌在自己心情好的时候，见孩子做了错事也不进行教育，心情不好时则进行责备、训斥。教育必须保持一致性。如果对一种行为表现，妈妈说对，爸爸说错，今天说错，明天又说对，这就会使孩子无所适从，甚至逐渐学会"见风使舵"。

5. 注意"家丑"不外扬。

小学孩子做错了事，要在家里进行教育，不必拿到外面去。有的妈妈常吓唬孩子说："明天我到学校去告诉你的老师。"这样会使孩子产生恐惧或不信任感，其结果并不理想。

6. 对孩子适当惩戒。

芳芳的爸爸脾气暴躁，每当芳芳犯了错误，他都会忍不住冲上去给芳芳两个巴掌。每当这时候，妈妈都会挡住爸爸，并严肃地说："一丁点儿小错，不能打孩子！"但是，阻拦了爸爸，妈妈也会根据芳芳所犯错误的大小对芳芳进行一定的惩罚，但妈妈的惩罚都是十分合理的，芳芳既乐于接受，又心服口服。

如果孩子犯了错误，适当的惩罚是有必要的。惩罚有许多种，粗暴的打骂只能让孩子口服心不服，甚至产生逆反心理，起不到有效的教育作用。妈妈们不妨采取一些其他的合理的惩罚措施，比如适当限制孩子做热衷的事情，让他们深切感受到惩罚的滋味，从而帮助孩子树立正确的是非观念。

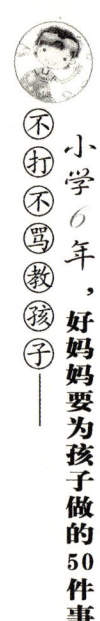

第9件事 教孩子学会宽容

宽容是一种美德，是做人的一种风度和境界。宽容能使人性情和蔼，能使心灵有回旋的余地，能使人与人之间消除许多无谓的矛盾，化干戈为玉帛。宽容的人，时时处处都会受到人们的拥戴，因此他能够处理好各种人际关系，能够很快地适应各种不同的环境，能够融洽地与人合作，充分发挥自己的潜能。

宽容的人能容人之短，理解他人。人非圣贤，孰能无过，尤其是上小学的孩子，更要宽容待人，和气待人，这样才能团结同学，营造一个愉快的生活和学习氛围。

孩子的宽容心是一种非常珍贵的感情，它主要表现为对别人过错的原谅。这种感情对于孩子个性的健康发展，尤其是情感的健康发展，以及对于孩子良好人际关系的建立都有着非常重要的意义。富有宽容心的孩子往往心地善良，性情温和，惹人喜爱，受人拥护；而缺乏宽容心的人往往性情怪诞，易走极端，不易与人亲近，因而人际关系往往不好。

元筱珊的女儿眉眉借了一本《米老鼠》杂志，她一下课就翻出杂志高兴地翻阅起来。不巧，同桌起身时不小心把墨水瓶碰翻，墨水洒到了杂志上，把一本精美的《米老鼠》杂志弄得脏兮兮的，无法继续看下去了。眉眉很生气，不但让同桌赔她新的《米老鼠》，还把这件事告诉了班主任老师。结果，眉眉的同桌被老师批评了一顿。

当眉眉跟元筱珊诉说这件事情的时候，元筱珊严肃地对她说："谁都有不小心犯错误的时候，如果你犯了同样的错误，你的同桌大喊大叫，让你赔，还告诉老师批评你，你舒服吗？"

眉眉说："我会很难受的呗。"元筱珊告诉眉眉，要和气、友好地待人，不能斤斤计较，尤其是对待同学，更要大度、宽容，像今天这样的情况，应该说没关系。这样，才能成为受同学欢迎的人，成为快乐的人。这件事给眉眉留下了深刻的印象，在元筱珊的启发下，眉眉渐渐理解了宽容的含义，学着去宽容待人了。

现在的孩子大多数是独生子女，孩子在学校里受了委屈，妈妈心疼得不得了。于是有的妈妈就教育孩子说："别人对不起你，你就对不起他，别人打你，你就打他。"这就导致孩子不仅在学校里不会处理好同学之间的关系，而且还会影响到孩子将来人际关系的处理，甚至还会影响到孩子以后的发展。因此，教会孩子学会宽容，不仅是为了孩子今天能处理好同学关系，而且也是为孩子将来的幸福打基础。

做妈妈的，既可以将自己的孩子培养成胸怀广阔的人，同样也可以将孩子培养成心胸狭窄的人。但为了孩子的学习，同样也是为了孩子的幸福，为了孩子将来能有所作为，妈妈应当教孩子学会宽容。

● 妈妈应该这样做

妈妈应当从以下几方面入手对孩子进行宽容精神的教育：
1. 为孩子树立榜样。

有位老师发现一位学生上课时常低着头画些什么，有一天他

走过去拿起学生的画,发现画中的人物正是呲牙咧嘴的自己。老师没有发火,只是微笑,要学生课后再加工一下,画得更神似一些。自此,那位学生上课时再没有画画,各门功课都学得不错,后来他也成为了颇有造诣的漫画家。

故事里老师的宽容感动了孩子的心,那么妈妈的宽容更能成就孩子的未来。孩子最初是从妈妈那里学习待人接物的方式的。妈妈宽容、大度、遇事不斤斤计较,与邻里、同事之间融洽相处,孩子就会学着妈妈的样子处理同学之间的关系,也会变得宽容、乐于与人相处。如果孩子不小心犯了诸如打破杯子这样的小错误,不要用惩罚或责备的方式来教育孩子。告诉孩子,其实妈妈有时也会犯这样的无心之错,只要下次小心就可以避免。从原谅孩子的错误开始,用宽容的心去引导他认识自己的错误,让孩子知道,解决问题的办法除了批评、惩罚以外还有宽容。

2. 教孩子学会心理换位想事情。

心理换位是指当双方产生矛盾时,能够站在对方的角度思考问题,思考对方何以会如此行事、如此说话。如果真的能够做到这一点的话,就能够理解对方,从而减少很多不必要的矛盾。许多孩子只习惯于从自己的角度思考问题,而不习惯站在别人的角度思考问题。而要消除这种现象的办法就是"心理换位"。

站在妈妈的角度上考虑,就会理解妈妈的良苦用心;站在外祖母的角度上考虑,就会理解老人的那份关爱和唠叨;站在老师的角度上思考,就会理解老师的艰辛;站在同学的角度上思考,就会觉得大多数同学是可爱、可亲、可交的。所以,教上小学的孩子学会心理换位是非常必要的。

3. 教孩子学会理解他人。

三国时期的蜀国,在诸葛亮去世后任用蒋琬主持朝政。他的属下有个叫杨戏的,性格孤僻,不善言语。蒋琬与他说话,他也是只应不答。有人看不惯,在蒋琬面前嘀咕说:"杨戏这人对您如此怠慢,真是太不像话了!"而蒋琬却坦然一笑,说:"人嘛,都有各自的脾气秉性。让杨戏当面赞扬我,那不是他的本性;让他当着众人的面说我不好,他也会觉得我下不来台。所以,他只好不做声了。其实,这正是他为人的可贵之处。"后来,有人赞蒋琬"宰相肚里能撑船"。

这个故事足以说明理解别人的重要性。所以,要让孩子学会以一颗平常心来对待别人,真正理解别人。妈妈应该让孩子明白:金无足赤,人无完人,有缺点和不足乃是人性的必然。和同学相交,和朋友相处,完全没有必要求全责备,完全可以求同存异,只要同学和朋友的缺点不是品质方面的,不是反社会的。对于朋友的缺点和不足,对于同学心情不好时所说的话和所做的事,没有必要锱铢必较,事事都要求个公平合理。多一次原谅,多一次宽容和理解,同时也就为自己多找了一份好心境,也会使自己在个性完善的道路上又向前迈进了一步。

当然,宽容不是怕人,不是懦弱,不是盲从,不是人云亦云,这一点是必须向孩子讲清楚的。妈妈必须让孩子知道宽容是明辨是非之后对同学、朋友的包容退让,而不是对坏人坏事的妥协。对坏人和得寸进尺的人是没有必要宽容的。

4. 让孩子多与同伴交往。

宽容之心是在交往活动中培养起来的。孩子只有与人交往,才会发现每个人都有这样或那样的缺点,都要犯或大或小的错误,只有学会容忍别人的缺点和错误,才能与人正常交往,友好相处。也只有通过交往,孩子才能体会到宽容的意义,体会到宽容带来

的快乐。如称赞别人的优点、庆贺同伴的成功、帮助有困难的小朋友、采纳别人的合理建议等。这些都能使孩子得到友谊,分享别人的成功,并使自己获得进步。

在孩子与同伴交往的过程中,妈妈要特别注意引导孩子容忍比自己强的同伴、比自己"差"的同伴和自己的竞争对手。让孩子不嫉妒比自己强的同伴,不嘲弄比自己"差"的同伴和不故意为难自己的竞争对手。让孩子向好同伴学习,帮助"差"同伴,学会与竞争对手合作。

5. 教孩子善待他人。

有这样一个孩子,他不知道回声是怎么回事。有一次,他独自站在山谷里,大声叫道:"喂!喂!"附近大山立即反射出他的回声:"喂!喂!"他又叫:"你是谁?"回声答道:"你是谁?"他又尖声大叫:"你是个大笨蛋!"立刻从山上也传来"你是个大笨蛋"的"回答声"。孩子十分愤怒,向大山骂起来,然而,大山仍旧毫不客气地同样回敬他。

孩子怒气冲冲地回到家,对母亲说了这件事。母亲对他说:"孩子呀,那是你做得不对。如果你恭恭敬敬地对它说话,它就会和和气气地对待你。"孩子说:"那我明天再去那里说些好话。""这就对了,"母亲说,"在生活里,不论男女老幼,你对人好,人便对你好;如果我们自己粗鲁,是绝不会得到人家友善相待的。所以,你一定要记得,只有善待别人,别人才会善待你啊!"

这位妈妈非常聪明,她不失时机地教育了孩子怎样待人。孩子一旦学会善待他人,就学会了宽容别人,因为孩子已经有了一颗友善、宽容的心,那么很自然地也就会在日常生活行为中容忍他人了。妈妈应该让孩子明白,他人是自己的影子,所以说善待他人，也就是善待自己。对他人多一份理解和宽容，其实就是支持和帮助自己。正如一句俗话所说，"赠人玫瑰，手有余香"。宽容是一种美德，是一种品质，也是一门做人的艺术。在今天这个充满竞争的社会里，要创造和谐的环境，实现共赢，离不开宽容。

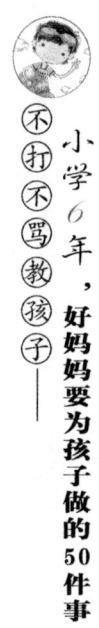

第10件事　鼓励孩子勇敢地承担责任

责任心指个人对自己和他人，对家庭和集体，对国家和社会所负责的认识、情感和信念，以及与之相应的遵守规范、承担和履行义务的自觉态度。

责任心是做人的基础。要想让子女成为一个品质好的人，就应当教育他对自己负责，对他人负责，对家庭负责，对社会负责，对国家和民族负责。人自身的发展、人与人的交往、人对社会的贡献，都来自明确的并且认真履行的责任。人的道德自律、遵纪守法也靠着责任感。

责任心也是成材的基础。进取精神、科学态度、创新能力是优秀人才的可贵品质，但是离开了责任心，这些都会成为无源之水、无本之木。任何聪明才智，只有建立在强烈的责任心的基础上，才可能迸发出耀眼的火花，否则只能是徒有其表。

责任心更是一个真诚的人的标本。其言必行，其行必果，言行如一，表里如一，是一个人受到别人尊敬与信赖的基本条件，也是社会健康的营养液和净化剂。

今天的社会对人才素质提出愈来愈高的要求。如何使孩子学会学习、学会关心、学会合作、学会负责，培养他们形成健全人格、创新意识和创新精神，已成为教育界的主流意识。责任心的培养，如何从小抓起，从小事抓起，更是引起了我们的关注。

世界著名科学家达尔文，曾经在回忆录中记录了自己小时候发生的一件令他终身难忘的事：

11岁的达尔文特别爱踢球。一次，他不小心把球踢到了邻居家的窗户上，玻璃稀里哗啦地落了一地。

邻居闻声走出来，要达尔文赔偿12.5美元。当时，12.5美元是一个很大的数字，可以买125只生蛋的母鸡。

达尔文哪有12.5美元呀？于是，他只好回家去找爸爸。爸爸了解了事情的经过之后，让达尔文自己想办法。达尔文为难地说："爸爸，我确实没有12.5美元。"爸爸想了想，从兜里掏出12.5美元说："这笔钱我先借给你，你一年以后一定要还我。"达尔文郑重地点了点头。

从那以后，达尔文开始了艰苦的打工生活。经过半年的努力，他终于挣足了12.5美元，还给了爸爸。

在回忆录中，达尔文解释说，正是通过这件事情，使他懂得了什么是责任，懂得了一个人要对自己的行为负责。

孩子长大成人的过程，是由"自然人"变为"社会人"的过程，即社会化的过程。所谓社会化，用简单的话来说，就是心中有他人，并善于处理你我他之间的关系，其核心问题就是责任心。

几乎每一个妈妈都希望自己的孩子有责任心，而且相信责任心是一个人立足于复杂社会，能担当重任的重要条件。但是，孩子并不是天生就具有责任心的，它是在适宜的条件和精心的培植下，随年龄和心灵的成长而生长起来的。家庭是孩子责任心赖以滋长的土壤，妈妈对待孩子的态度、教育孩子的方法是孩子能否健康成长的重要条件。只有在家庭环境中培育出有责任心的"幼苗"，才能在更复杂的社会环境中经受考验，得到修正和磨炼，最

终使孩子成为一个自强、自立的人。

有责任心的孩子能运用自己的智慧、信心和判断力去作出决定，独立行事，并考虑到他的行为后果，并且在不影响他人权利的情况下实现自己的需要。他明白自己的义务，并主动履行义务，愿意承担自己行动的后果。

责任感的培养是孩子健全人格必不可少的一部分，并为孩子身心的健康发展提供了动力和保障。责任感的培养有助于孩子摆脱以自我为中心，养成自制、自理能力，有助于孩子理解、体谅别人，养成合群的好习惯，还有助于孩子关心、疼爱别人。没有责任感的孩子往往以自我为中心，对别人的反应不闻不问，我行我素。

在当前的家庭教育中，随着独生子女日益增多，很多妈妈忽视了子女责任感的教育。一味地宠爱、娇惯孩子，会使孩子骄傲、任性、自私，甚至粗暴、没有同情心。过分呵护子女还会使子女事事依赖妈妈、缺乏主见。如果让这样的孩子投身到未来竞争与合作并存、机遇和挫折交错的社会，结果可想而知。

● 妈妈应该这样做

1. **赋予孩子一定的责任。**

培养小学孩子的责任感，关键在于，妈妈必须赋予孩子一定的责任，以便有针对性地进行教育。空洞的说教是不能培养孩子的责任心的。通过赋予孩子责任，通过让孩子收获责任心行为的报偿，或承受自己不良行为的后果，才能培养孩子的责任心。

曾曾妈妈在家里的阳台上养些花草，摆只金鱼缸，放些巴西小彩龟，让曾曾定时浇水，给小动物喂食。渐渐地，曾曾养成了习惯，并对花草有了兴趣，对小动物产生了感情，并且格外呵护、关爱它们。

责任感的培养绝不是靠唠叨的说教所能奏效的。个人总是在社会扮演着一定的"角色"，即使是孩子也不例外。妈妈要创造条件，加以引导，这种社会规范的养成是通过活动载体来"物化"的。

2. 有意识地分配给孩子一些任务。

晃晃的妈妈经常交给他一些任务，比如扫地、买酱油、洗衣服等，晃晃完成之后，妈妈就会表扬他。每当这时候，晃晃就会觉得很自豪，很有成就感。渐渐地，晃晃养成了独立完成一些小"任务"的习惯。

锻炼孩子独立做事的能力，有助于培养孩子的责任感。随着孩子年龄的增长，妈妈要逐步教导孩子自己的事情自己做。做之前提出要求，鼓励孩子认真完成。如果孩子遇到困难，妈妈可在语言上给予指导，但是一定不要包办代替，让孩子有机会把事情独立做完。

3. 鼓励孩子做事情要有始有终。

孩子好奇心强，什么都想去摸摸，去试试，但是随意性很强，做事总是虎头蛇尾或有头无尾。所以交给孩子做的事情，哪怕是很小的事情，妈妈也要有检查、督促以及对结果的评价，以便培养孩子持之以恒、认真负责的好习惯。

4. 对别人的东西表现出责任心。

责任心包括许多方面，其中之一就是孩子不仅要爱惜自己的东西，更要爱惜别人的东西。

妈妈要教会孩子珍惜别人的东西，在借用别人的东西的时候，

不能因为东西不是自己的，就不加爱护。借用别人的东西，要倍加爱护，并保证完璧归还，才是认真负责的表现。

5. 鼓励孩子勇敢地承担责任。

如如跟着妈妈到亲戚家做客，不小心损坏了物品。这时妈妈告诉如如，由于自己的过错，才造成了这种后果，应当给予赔偿。如如听了点了点头。之后，妈妈跟如如回家取了如如的零花钱，带着如如一起买了东西去亲戚家赔偿。

在孩子犯错误之后，妈妈应该抓住机会，鼓励孩子勇敢地承担责任。

第二章

释放智力潜能,
让孩子实现高效学习

第11件事 教孩子学会科学用脑

脑在人体各器官中是最重要和最活跃的器官,虽然大脑的重量不到身体总重量的3%,但对氧气和养分的消耗量占全身总消耗量的23%。通常大脑的神经细胞能贮存一定的能量,大脑活动持续一定时间后,贮存的能量逐渐消耗减少,当超过其限度时,大脑的功能活动降低,由兴奋转入抑制状态,出现疲劳感觉,注意力不集中,记忆力下降,反应迟钝甚至打瞌睡。

科学用脑就是根据大脑的生理特征,科学地进行工作及学习活动,防止大脑疲劳。会科学用脑的孩子能提高学习效率,不会科学用脑的孩子往往事倍功半。

小学四年级的夏迪这几天上课老打瞌睡,注意力不集中,每节课上到后半段就犯困。妈妈带着她到医院检查,结果医生诊断她是脑负担过重,出现了成年人才有的疲劳综合征。医生提醒夏迪的妈妈,一定要让孩子的学习生活有张有弛,要帮助她科学用脑,否则会得不偿失。

丹麦历史学家海内肯4岁就撰写了《丹麦史》,此举一度引起了全世界的震惊。正当人们津津乐道地谈论他的聪明才智时,突然传来由于大脑负担过重,4岁半的海内肯脑力衰竭最终不幸夭折的噩耗。

诸如此类的例子不胜枚举,许许多多的天才孩子,一夜之间名扬四海,不久就销声匿迹,或者传出不幸的消息。

有人认为，人类大脑的潜能几乎接近于无限，开发大脑最好的方法就是多用脑，这是一个误区。小学孩子负担过重，在很大程度上就是由这种错误观念造成的。"刀不磨不快，脑不用生锈"之类的民谚，足以体现出我们用脑观念长期存在的错误。

开发大脑，并不等于掠夺式地使用大脑，如过去的"头悬梁，锥刺股"，这无异于自我摧残。妈妈们应该教会孩子科学用脑，这样有利于提高孩子的学习效率，维护孩子的身心健康。

● 妈妈应该这样做

教会孩子科学用脑，妈妈不妨从以下几方面入手：

1. **吃好早餐**。

我国一直就有"早餐吃好、午餐吃饱、晚餐吃少"的说法，但由于早上时间最为紧张，有的孩子又赖床，就来不及吃早餐。这对大脑的损害非常大，因为不吃早餐会造成人体血糖低下，对大脑的营养供应不足，而上午又是功课最多的时候，大脑需要的能量得不到供应，长期下去，不仅会影响功课，更会影响大脑的发育。早餐中鲜牛奶最为适宜，它不仅含有优质的蛋白质，而且还含有大脑发育所必需的卵磷脂。

2. **保证充足的睡眠**。

妈妈为了让琼琼能够考进市重点中学，自进入六年级之后，就开始狠抓琼琼的学习。妈妈规定：琼琼每天除了要完成学校的作业，还要做完妈妈布置的习题，不然就不能睡觉。但是，琼琼做练习题的速度很慢，加上一天的疲惫，往往在夜里12点之后才能做完妈妈规定的习题。

不久，琼琼出现了在课堂上睡觉的情况。老师将情况反映给了琼

琼的妈妈。妈妈反思了自己的做法，再也不过分地布置习题，剥夺琼琼的睡觉时间了。而且，每天都督促琼琼及时睡觉，当发现琼琼睡眠不好时，还会及时跟琼琼交流，建议琼琼听轻柔的音乐，放松心情，睡前让琼琼喝杯牛奶，用热水泡泡脚。很快琼琼的睡眠得到了改善，精神头儿也足了。

睡眠不仅能使大脑得到休息，恢复脑力，而且能使大脑进行信息的巩固和条理化。因此，妈妈要特别注意督促孩子，必须保证每天8～9小时的睡眠时间，就是在节假日里也不例外。除保证睡眠外，妈妈还应该要求孩子每天坚持半个小时的体育活动。因为体育活动能够增强血液循环，有利于大脑消除疲劳。

3. 合理膳食。

充足均衡的营养对孩子的大脑发育和正常运行很有帮助。专家认为，妈妈不一定要让孩子服用专门的补脑保健品，因为日常食物中一样含有丰富的、大脑需要的营养成分。例如鱼类尤其是深海鱼，里面含有脂肪酸，对脑细胞很有好处。还有坚果类，例如核桃、杏仁、花生等含有丰富的铁、锌等微量元素，还有瓜果蔬菜中的维生素，都是补充大脑所需营养不可缺少的元素。

4. 不宜长时间连续用脑。

华华在学习上很有钻劲儿，有时候一道题做不出来，能够连续思索四五个小时，而且，他还专门爱对付难题、怪题。同学们都很佩服他。可是一天在做一道难题的时候，华华眼前一黑，差点晕倒。

华华以为自己得了什么病，跟妈妈去医院检查才知道是用脑过度。在医生的建议下，妈妈和华华一起制订了一份科学的学习计划，合理地分配了学习的时间。从此，华华再也没有出现过头晕的事情，而且，脑子越用越好使。

据研究，孩子如果连续用脑30分钟，血糖浓度在120毫克以上，这时大脑反应快，记忆力强；连续用脑90分钟，血糖降至80毫克左右，大脑功能正常；连续用脑120分钟，血糖降至60毫克左右，这时孩子反应迟钝，思维能力较差。一般认为，小学生一次做功课或看书学习的连续时间不宜超过一个半小时。

5. 充分利用"最佳用脑时间"。

怎样用脑效果最佳？这在很大程度上取决于个人生物钟的规律。有研究者将人分为三种类型：一种是"猫头鹰型"。这种人每到夜晚脑细胞便进入兴奋状态，精神饱满，毫无倦意。另一种是"百灵鸟型"。这种人黎明即起，情绪高涨，思维活跃。第三种是"混合型"。这类人全天用脑效率差不多，但相对而言在上午8~10点和下午3~5点效率较高。发现孩子用脑效率高的时间，对于指导他学习很有好处。久而久之，可以形成高低有致的用脑高峰期。

6. 同时锻炼左右脑。

泽泽是个调皮的小男孩，成绩一直不好，班上共40人，他考试总在30名之后，妈妈为此伤透了心。后来，妈妈听说开发右脑能提高孩子的学习成绩，抱着试试看的心理领着泽泽参加了市心理学会的右脑开发训练班。自从进行右脑开发训练之后，一直贪玩的泽泽居然爱上了学习，甚至连上网的爱好也改掉了，他觉得学习很轻松，感觉学习是一种乐趣。后来还考上了市重点中学。

大脑分为左脑和右脑，这已是目前神经科学可以证实的。科学研究发现人的左右脑具有不同的功能，具体来讲，左脑主要处理语言、逻辑、数学和秩序等，右脑主要处理节奏、旋律、图像等。尽管功能各异，但是这两个半脑彼此的运作并非是截然分开的，而是互相支持、相互协调。学会科学用脑，就要了解一些锻炼左右脑的一些方法。一

般人右手用的比较多，所以左脑开发得比较好，而右脑开发得就对欠缺。平时，可以让孩子有意识地多用左手做一些事情，比如上网的时候用左手操作快捷键，没事做时，用左手敲敲桌子等等，使孩子的左右脑都得到锻炼和开发。

科学用脑，合理统筹，孩子的一生一定精彩纷呈。

第12件事　激发孩子的想象力

想象力是人类独有的才能，是人类智慧的生命线。在创造发明和探索新知识的过程中，想象力是一切希望和灵感的源泉。想象比知识更重要。因为知识是有限的，而想象力概括着世界上的一切，并且是知识进化的源泉。

每个孩子都是极具想象力的天才。还未经文明熏染的孩子，其思维模式还没有被纳入社会公认的体系中，他们天马行空、稀奇古怪的想法其实正是可贵的想象力的火花。鲁迅说过："孩子是可敬佩的，他常想到星月以上的境界，想到地面下的情形，想到花卉的用处，想到昆虫的语言，他想飞到天空，他想潜入蚁穴。"

在品品很小的时候，妈妈从网上下载了《宝宝异想世界》的曲子，经常放给品品听。乐曲很好听，很轻柔委婉，连妈妈都百听不厌。品品稍大些，妈妈和她一起根据故事情节表演感兴趣的故事。

品品扮演小刺猬，一块毛巾当桌布，藏在桌布下，妈妈是大灰狼，用手摸桌布下的小刺猬；一个纸箱子当大木头箱子，品品是小猴子，藏在里面。当大灰狼打开箱子，她就将手在空中做抛撒沙土的动作，大灰狼赶忙捂着眼睛逃跑了。

只要穿上带拉链的衣服，品品肯定会像跳跳蛙一样，很潇洒地打开衣服，故意露出里面口袋里的"棒棒糖"，妈妈会配合着说："哇！

这么多棒棒糖！给我一个。"品品很爽快地拿出来给大家发，自己也装作吃得很香的样子。

奶奶给品品买了把小蓝伞，小家伙特别喜欢。妈妈也凑过来和品品一起玩。

"哗——哗——哗——下雨了。怎么办？妈妈没打伞。"

"和我一起打。"品品将伞移了过来。

"奇怪，路边那是谁躲在电话亭里？"妈妈故意用手向房子一边指着问。

"是跳跳蛙！"小家伙配合道。

"哇！快看，小猪向我们这边跑过来，它怎么没有打伞呀？"

"快来，快来！一起打伞。"品品作招呼小猪状。

表演了一阵子，有些累，刚坐下，小家伙用手比画着，嘴里喊着"哗——哗——哗——"，呵呵，示意妈妈又下雨了，还要表演，看她兴致那么高，妈妈也来了精神。

去公园，品品最喜欢开车。运动公园里有停放一排的观光车。品品每次都要坐在驾驶座位上握着方向盘玩开车游戏。比如正在开车，想象前面马路中间有人在放风筝，品品赶快刹车、摁喇叭等。生活中类似的亲子游戏很多，经常玩，品品也很喜欢。这些活动无形中培养了孩子的想象力，也增进了母女的感情。

在教育界经常会听到这样的评价：中国孩子的知识基础扎实，但想象力不足。那么，我们孩子的想象力到哪里去了呢？事实上，想象力是每个人都具备的一种认知能力，并非伟人、奇人或者外国孩子所特有，但为什么我们孩子的想象力就是不足呢？其中一个原因当然是"个别差异"，也就是说想象力与其他能力一样，人与人之间本来就有差异，但另一个更为重要的原因却是"人为的束缚"或者"人为的忽视"。

上小学的孩子的想象力是最丰富的。正因为小学孩子单纯天真，思维较少束缚，所以可以自由想象。作为妈妈，应努力发现和挖掘生活中蕴涵想象力的因素，创设想象情境，尽心呵护想象的幼苗，努力培养孩子创造性的想象力。

俄国教育家乌申斯基说："强烈的活跃的想象是伟大智慧不可缺少的属性。"小学孩子在学习各门课程中都要借助想象力。没有想象力，孩子将难以理解教材中的图形、概念，写作文也不会有形象生动的描写。想象力还直接关系到孩子创造力的发展，现实生活中的许多发明创造都是从想象开始的。

● 妈妈应该这样做

要提高小学孩子的想象力，妈妈应从以下几个方面努力：

1. 指导孩子丰富头脑中的表象储存。

表象是外界事物在人的头脑中留下的影像，是具体的、形象的。因为表象是想象的基础材料，所以头脑中的表象积累得多，就有进行想象的丰富资源。带小学孩子去博物馆参观、到郊区游览、参加各种公益活动或走亲访友等，都可以让孩子记住许许多多的表象。为了记得多，记得准，记得牢，可以让孩子用语言描述或者通过写日记把头脑中的表象再现出来。

2. 指导孩子扩大语言文字的积累。

想象以形象为主，但离不开语言材料，特别是需要用口头语言或书面语言将想象的内容表述出来时，语言材料起着重要作用。因此，要让小学孩子扩大语言文字的积累。比如，让孩子备一个摘抄本，把阅读中遇到的名句、名段摘抄下来，平时可拿来翻阅。

3. 利用玩具开发孩子的想象力。

一天妈妈带着京京到商场的儿童乐园去玩，妈妈和京京一起玩一

个圆盘状的垒高玩具。当把五颜六色的积木都插在圆盘上时，京京高兴地说："蛋糕，蛋糕！"妈妈仔细一看还真的有点像"生日蛋糕"，于是妈妈对京京说："我们玩吃'蛋糕'过生日好吗？""好！"京京回答。于是妈妈把"蛋糕"放在桌子上，京京对着"蛋糕"像模像样地唱起了《生日歌》，还有"吹蜡烛"的动作，京京甚至还煞有介事地找来了"刀"，"切"起了"蛋糕"。

有很多玩具都能开发孩子的想象力，如色彩丰富、质地柔软、可塑性强的彩色胶泥。孩子在玩彩泥的过程中，可以自由发挥想象力，捏个蔬菜、水果，捏个小花、大树，捏个房屋、小人……只要是孩子想到的，捏个什么都行。再如可以自由拆装的积木。小孩子可以信手拈来，拼个合自己意的，摆上个三两天；不如意了，拆了再拼，想拼个什么，就拼个什么。爱玩是孩子的天性，在玩的过程中，孩子凭借着无拘无束的想象力，也发展着无穷无尽的想象力。

4. 鼓励孩子编故事、讲故事。

歌德小时候，他的母亲几乎每天都给他讲故事，头一天讲完后，让他自己想下面的情节，激发歌德的想象力。就是在这样良好的家庭教育氛围中，培养出了一位世界级的伟大诗人。

丹麦童话作家安徒生出生于一个生活窘困的鞋匠家庭，幼时听父亲读《天方夜谭》和拉封丹的寓言，那神奇的故事从父亲的口中流出，深深地吸引着他，他在对那些故事的想象中遨游。这位童话作家丰富的创作想象，从小便开始了。

俄国著名的革命文学家高尔基从小是一个穷孩子，在他如痴如醉地自学之前，是外祖母的民间故事开启了他的想象力之门，为他上了"作家入门课"。

……

上小学的孩子喜欢编故事、讲故事,有时讲给小朋友听,有时讲给妈妈听,有时还会自言自语。这是锻炼表达能力的好方法,也是发展想象力的好机会。妈妈要积极鼓励孩子,不要冷言冷语,更不能随便阻止。妈妈可以引导上小学的孩子按照某个主题去编去讲,适时地给予赞扬,指出不足。给孩子讲故事,尤其是讲不完整的故事,可以开发孩子的想象力。孩子在听故事的过程中,得到的是语言信息,通过反馈联系,可以从语词联想到相应的形象,并通过形象的联想,去展开想象活动。让孩子参与编故事,而不是单纯地接受故事,更有利于培养孩子创造性的想象。

5. 用画画开发孩子的想象力。

画画是很好的开发孩子想象力的方式。

一次林林画画,她把苹果画成了方形,理由是不想让苹果滚到地上。当妈妈看见林林所画的画时,并没有批评林林,而是鼓励林林说:"好孩子,你真会动脑筋、想办法,希望你能早日发明、培育出方苹果!"

林林听了十分高兴。以后,她又画出了更多的想象奇特的东西,其中一副名叫《未来世界》的画还获得了省少年书画比赛的大奖呢。

想象力是创造力的翅膀。对于孩子富有想象力的图画、凭自己想象拼搭的东西、自编的故事,等等,妈妈都应给予肯定和赞赏,千万不要用成人的标准去要求和评价孩子的创作。

想象是创造力的萌芽,孩子创新意识和创造能力的培养,也是从想象开始的。没有想象,就没有我们这个美丽的世界。让孩子插上想象的翅膀自由地飞翔吧。

第13件事　训练孩子过目不忘的记忆力

记忆是指人的大脑对经历过的事物进行贮存和再现的能力,通俗地说,就是把某一事物记住,在未来某个需要的时候就可以把它轻松地从大脑中调出来,就好像把某种东西放在某个特定的地方,需要的时候再取出来一样。

前苏联著名教育家苏霍姆林斯基说:"小学生记忆力的强弱在很大程度上,也可说在决定性程度上,取决于孩子在早期童年时代进入到意识中的语言的鲜明度和情感的色彩程度。孩子接受这些印象的同时也就锻炼了记忆力。"运用鲜明的语言和富有感情色彩的表述来引发孩子记忆的兴趣,训练小学孩子的记忆力是妈妈不可推卸的责任。

影响小学孩子记忆力的因素很多,比如学习动机、学习兴趣、记忆方法、睡眠质量、情绪好坏、身心健康状况等,但是,最关键的还是良好的、适合孩子自己的记忆方法。所以,做妈妈的应该有意识地培养小学孩子的记忆力,在影响孩子记忆力的因素上下工夫,力争把这些因素积极化、正面化,为孩子的记忆力增添一分力量。

记忆力是人脑的记忆能力,是人脑对于已知的经验、知识、心理体验和各种社会活动的识记。学习任何科学知识,都离不开记忆,而学习的最大障碍莫过于记忆力差。较强的记忆力能够迅速地、准确地、持久地掌握学习过的知识和技能,也能比较好地理解、运用这些知识和技能。

● 妈妈应该这样做

怎样才能使上小学的孩子有一个较强的记忆力呢？教育专家指出，妈妈应该做到以下几方面：

1. 帮孩子确定明确的记忆目标。

上海有一位话务员，将记忆电话号码与"宁肯自己苦十分，也要让用户方便一分"的信念联系在一起，为了满足用户准和快的需要，对记忆电话号码产生了兴趣。这位话务员进行了卓有成效的实践，乐于用12个小时千方百计将3000多个传呼中的电话号码循环背诵一遍，然后适时地采用适合于自己的方法重复背记，终于达到了对答如流的境界。

人不管做什么事，都要有目标。这个目标，使人步入更高的境界。同样，妈妈必须使孩子清醒地意识到，自己的学习总是有一定的目标的，这是成功地改进记忆效能的一个前提和基础。确立记忆的近期目标，关键是要学会安排记忆进程，把长远目标划分成若干不同的近期目标，一个一个地实现，一个一个地跨跃。每当达到了一个近期目标，就能增强信心，改进记忆效能，提高记忆速度。当达到了所有的近期目标后，苦心积虑地所追求的长远目标也就胜利在望了。而对长远目标的靠近，无疑会更强有力地刺激记忆效能，从而更有效地提高记忆能力。

2. 记忆要基于浓厚的兴趣。

兴趣是增强记忆力的催化剂。一个人对他所感兴趣的信息和对象，会产生高度集中的注意力与观察力，精神上会非常亢奋。比如对地理感兴趣的孩子，由于对伊拉克战争的关注，会非常熟悉伊拉克的

地图，以及它的地形地貌及周边环境。因此，妈妈日常要注重培养孩子我方面的兴趣爱好，有助于提高孩子"多、快、久"的记忆能力。

3. 指导孩子在理解的基础上进行记忆。

电视上曾介绍过一个识字"神童"，他在记忆文字时，采用了一种比较的方法，他把形相似和意相近的字放在一起记忆。他说："这样很好记，我记住了一个，就记住了好几个。"他妈妈教他认字时把"同、铜、桶、捅"放在一起教他，他很快就记住了。因为这个方法好，以后每当他在课本中学习一个新字，就要到字典中查找几个与它同音或字形相似的字。可想而知，他记忆文字的量比别的儿童要多几倍，而且对字的含义的掌握也好得多。

在积极思考、达到深刻理解的基础上记忆材料的方法，叫做理解记忆法。理解记忆法的基本条件是对材料进行思维加工。有些材料，如科学概念、范畴、定理、规律、历史事件、文艺作品等，都是有意义的。小学孩子记忆这类材料时，一般不采取逐字逐句强记硬背的方式，而是首先理解其基本含义，即借助已有的知识经验，通过思维进行分析综合，把握材料各部分的特点和内在的逻辑联系，使之纳入已有的知识结构，以便保持在记忆中。理解记忆的全面性、牢固性、精确性及迅速有效性，依赖于孩子对材料理解的程度。理解记忆的效果优于机械记忆。

4. 帮助孩子保持良好的心理状态。

心理学实验证明，心情舒畅、精神饱满的人，记忆效果就好，反之则差。如何让孩子保持良好的心理状态呢？妈妈要让孩子做到：一要树立正确的人生观、价值观。二要客观地评估自己和他人。三要有遭受挫折的心理准备。四要善于调控和转移注意力。五要积极参加公益的集体活动。

5. 让孩子掌握一些记忆方法。

还有一个识字"神童"采用构字法记忆汉字。她把一个字或偏旁部首写出，然后在它的上、下、左、右添上其他的字，和偏旁部首组成新字。她说："我在看电视时，看到有一道题要求有'口'字的上、下、左、右各添上一个字分别组成一个新的字。这样的方法的确很好，能收到很好的效果。"

由于孩子的年龄、心理等特征，小学生的记忆一般是利用机械重复的方法，一遍遍地重复要记忆的材料，这样的记忆效果较差。记忆力较好的孩子往往自觉或不自觉地利用一些记忆方法。

6. 遵循记忆规律，及时复习。

记忆与遗忘是对立统一的，人的遗忘是有规律的，表现为最初遗忘得较快，几天后会重新想起来，以后逐渐慢慢地遗忘。因此，在遗忘之前，妈妈必须要提醒孩子及时地复习，以便提高记忆的持久性。首先要有简练的复习提纲，依纲复习，"纲举目张"；其次要将及时复习、集中复习、分散复习相结合。

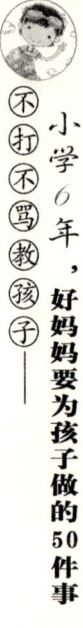

第14件事　让孩子学会独立思考

面对复杂的社会，能独立思考、明辨是非，是孩子成长过程中必须着力培养的重要素质。

社会是个五颜六色的大染缸，社会也是丰富多彩的大课堂。在妈妈的指导下，让上小学的孩子学会自己做主，学会与社会上形形色色的人打交道，不仅能使孩子正确区分真善美，使纯洁的心灵免受污染、欺骗和伤害，而且还能不断提高他们分析问题、解决问题的能力，这对培养孩子独立健全的人格有着十分重要的意义。

静静刚上小学，无论是得了压岁钱还是省下零花钱，妈妈从不过问她如何花钱，只是在她的储蓄罐上贴上一句话："好钢要用在刀刃上。"一次她看到女同学头上夹着一支很时髦的玫瑰花发夹，也想买一支。她捧着储蓄罐想了半天又放下了，说不买了，发夹时髦一阵子之后就不会再时髦了，能省则省。她用理智战胜了盲目从众心理。

一天妈妈带她去市场买菜，看到街口有个十五六岁的女孩当众跪着，胸前挂着一块纸牌，上面写着《我要上学》的说明，说她死了父亲，母亲又卧床不起，她被某中专学校录取，却无钱报到，请求好心人施舍云云。静静看了，把钱从口袋里掏出又攥住了，对妈妈耳语道："她不是骗子吧？报上有过类似的报道。"

妈妈不置可否，让她自己思考。她拉拉妈妈的衣襟走了。妈妈说：

"如果她不是骗子呢?"回家后,静静写了一封信:"姐姐:你跪着乞讨多没尊严呀。自尊比识字还重要。高尔基小时候因为家里穷只上了两年学,他一边打工一边读书,终于成了世界闻名的作家。成材的路有好多条,上学不是唯一的。"

她咬了一会儿笔头,又写道:"这里有20元钱,你买张车票回去吧。"她刚要出门上街,妈妈说道:"如果她是骗子呢?"静静想了想,又把补充的话擦去了,重新写道:"如果你想回家,我给你买车票,送你上汽车。"最后写上了联系电话。现在,静静做好事能多留一个心眼了。

没有独立思考能力的孩子,就没有独立性。要培养孩子独立思考的习惯,妈妈就要提供一些机会让孩子自己去思考,去感觉什么对、什么错、什么应该做、什么不应该做……

许多妈妈为了不让孩子吃苦,在孩子吃饭、睡觉、玩耍、交朋友等方面都采取事事包办的做法,而不是鼓励孩子去独立思考、独立作决定,从而导致了孩子离不开妈妈这根"拐杖"。这样的妈妈应好好反思自己,因为她们这样做,会导致孩子形成脆弱的性格。

● 妈妈应该这样做

如何培养小学孩子独立思考的能力呢?孩子上小学后思维有了进一步的发展,抽象思维开始萌芽,在此时应该加强对孩子的训练,提高孩子的思维水准和思考能力。一般可以采用以下方法:

1. 创造思考的家庭环境。

有位妈妈从小就通过朗读简单的诗词来引导她的孩子思考问题。她先读一首诗,然后和孩子一起讨论,由此引发孩子联想出一连串问题。进入小学后,这个孩子表现出了远胜于同龄孩子的思考能力。

创造思考的家庭环境，有助于提高孩子独立思考的能力，将使孩子终生受益。

2. 提出问题让孩子去思考。

带孩子去博物馆时不要走马观花，简单地欣赏作品，不妨提出"恐龙如果复活了，地球会变成什么样"之类的问题引导孩子思考。另外在自己家中也可取得良好思维习惯的最佳效果。一家人围聚一桌共进晚餐时，议论一天中发生的种种事情，这就是一个指导孩子最好的机会。

3. 让孩子多听取不同意见。

上小学的孩子大多数只顾说出自己的想法，没有耐心去等待别人把话说完和简单地重复说过的内容。由于听不进别人的意见，就容易忽略那些能开阔视野的见解。例如孩子说邻居家的小伙伴是"笨蛋"，就要让他去问问哥哥、姐姐对那个孩子的评价，这就可能使孩子看到自己未曾想到过的那些方面。同样，妈妈让孩子留意新闻、广播等对同一事实的种种不同分析，对孩子学会集思广益也大有好处。

4. 支持孩子对有疑问的事敢于提出问题。

在剑桥大学，有人问大哲学家穆尔谁是他最得意的学生，穆尔毫不犹豫地回答："是维特根斯坦。""为什么？""因为在我所有的学生中，只有他一个人在听我讲课的时候，老是露出迷茫的神色，老是有一大堆的问题。"

后来，果然如穆尔所说，维特根斯坦的名气越来越大，甚至渐渐地超过了罗素。当有人问维特根斯坦罗素为什么落伍时，他坦率地说："因为他已经没有问题了。"

鼓励孩子对有疑问的事提出问题，是智力教育的一种重要方法。妈妈应该趁孩子小的时候，让孩子展开想象的翅膀，大胆地提问。因为，问得越多，知识掌握得就越多，就越能激发孩子的好奇心和上进心。

5. 让孩子自己分析问题。

有一个叫焦涤非的人，他念小学三年级时，一次妈妈带他到铁路边，平时很爱观察的焦涤非发现铁轨是一节一节连接在一起的，他想，为什么不用一根长长的铁轨，而是在连接处留下一道道缝子呢？于是他问妈妈，妈妈答道："因为钢铁会热胀冷缩，如果用一根长长的铁轨或接头处不留缝隙，那么铁轨在炎热的夏天就会膨胀变形，七拱八弯的，火车就会出轨。"

焦涤非听后，仍疑惑难解。妈妈只好说："若不信，你可以自己测量测量。"在妈妈的支持和帮助下，他通过观察测量发现，温度在变化，铁轨接头的间隙也在变化。早晚与中午，春夏与秋冬都有变化，而且还有规律，气温每下降11℃，间隙就增大1毫米。

经过近一年的观察，他详细做了观察记录，同时还写出了铁轨热胀冷缩的观察报告，获得了全国征文比赛优秀奖。更重要的是，通过这一年的观测活动，他不仅掌握了中学阶段的物理知识，而且对观察和自然科学实验的兴趣大大增强了。

无论遇到什么事妈妈都不要代替孩子思考。孩子做错事时，不要一味地指责训斥，可以让他自己想一想什么地方做错了，为什么做错了，应该怎样做。孩子做什么事，妈妈都不应限制过多。如果孩子失败了，妈妈应该鼓励他，帮助他找出失败的原因，鼓励孩子克服困难，避免失败。

6. 让孩子自己想办法。

在日常生活或游戏中，无论遇到什么困难，妈妈首先就应该问孩子："你该怎么办？""你有什么好办法吗？"有些妈妈总是迫不及待地帮助孩子，这对培养孩子独立思考的能力是不利的。

　　独立思考是孩子认识问题、解决问题的主要手段。没有这些智力活动，世界就停滞不前了。作为妈妈，应该利用各种机会，培养孩子的独立思考能力。

第15件事 发掘孩子的创新潜能

创新能力是素质教育的核心，孩子的创新能力的培养应该引起妈妈们的重视。可是一部分妈妈对此并不理解或是有所误解，有的认为创新是大人们的事，有的认为让小学生创新还不是时候，有的认为创新能力不过是过去的教育变个说法而已。殊不知，孩童时期恰恰是培养创新意识、创新精神、创新能力的启蒙期，甚至是关键期。

刘芳非常喜欢画国画，但是她经常会为一些小小的失误而苦恼。比如有时候会在下笔的时候掌握不好，滴下一大团墨，而有的时候又因为收笔的时候手不稳，留下一个小尾巴。

一次，刘芳正在画荷花。这时，一个亲戚到她家来拜访，看到刘芳在画画，就很有兴趣地站在旁边看。

"刘芳画得真不错！"亲戚一边看，一边夸奖她。

也许是因为受到夸奖太激动了，也许是因为有陌生人在场有点紧张，在最后收笔的时候，刘芳没有握紧笔，在绿色的荷叶上留下了一块大大的墨迹。刘芳难过得眼泪都流下来了。

这时候，一直在旁边观看的亲戚微笑着对刘芳说："那张画只是有一点点墨，完全可以补救一下啊。"

"怎么补救啊？还是重画吧。"刘芳摇摇头说。

"可以补救的。你再想想，湖里除了荷花，还有什么会在荷

叶上?"

刘芳听了这话,好像突然想起了什么,拿起笔来,在刚才滴墨的地方,描描画画了一番。

等画完了,大家一看,她在荷叶上画了一只墨绿色的小青蛙,真是绝妙极了!大家都为刘芳鼓起掌来,刘芳也破涕为笑,激动地对亲戚说:"谢谢你!"

后来,刘芳对画画更有兴趣了,也更有信心了。

在家庭教育中如何培养孩子的创新意识和能力,应该引起妈妈的重视和关注。妈妈的责任,应该是最大程度地开发、保护孩子的创造精神,改变传统的教育观,为他们建立一个平等和谐的亲子关系,营造一个适宜孩子创新的比较宽松的学习、生活环境,支持孩子的异想天开,鼓励孩子的多向思维,引导孩子善于观察、敢于动手实践,使孩子的每一个"创新"都能在妈妈的呵护下健康成长。

妈妈是孩子的第一任老师,应重视对孩子的创新意识的教育。良好、合理、科学的家庭教育,重在从小培养孩子的创新意识,是孩子全面发展的关键。

● 妈妈应该这样做

1. 转变传统的家庭教育观念。

在传统的家庭教育中,妈妈往往一味地要求孩子听话。孩子在学校要听老师的话,在家里要听大人的话,不管是否合理,其结果是以妈妈的愿望和兴趣、思维和意志强制孩子接受,从而泯灭了他们的独立性、创新意识和自主行为。

一个孩子的母亲,因孩子把她刚买回家的一块手表当新玩具给摆弄坏了,就狠狠地揍了孩子一顿,并把这件事告诉了孩子的老师。不料，这位老师却幽默地说："恐怕一个中国的'爱迪生'被你毁掉了。"这个母亲不解其意。老师给她分析说："孩子的这种行为是创造的一种表现，你不该打孩子，要解放孩子的双手，让他从小就有动手的机会。"

这个案例中的母亲之所以看不到孩子的创造力，就是被传统的家教观念限制了自己发现孩子创造力的眼睛。妈妈营造一个民主、宽松的家庭氛围，尊重孩子的人格和心理需求，不把孩子管成唯唯诺诺的人，树立开放性、科学性、家庭、社会、学校立体教育性的观念，实现家教观念的转变与创新，是妈妈培养孩子创新意识的前提条件。

2. 经常带孩子接触新鲜事物。

知识是一切能力的基础，没有知识，对外面的世界一点儿也不了解、不熟悉，即使智商再高，也是不会有创新能力的。妈妈要根据孩子的年龄大小和生活环境，经常利用节假日带领孩子接触各种新鲜事物。认识事物越多，想象的基础就越宽广，就越有可能触发新的灵感，产生新的想法。那种只想把孩子关在家里，只想让孩子写字、画画、背诗的方法，只会把孩子培养成书呆子，绝不可能培养出有创新能力的人。

3. 正确对待孩子的提问。

提问是一种思考和钻研，是具有探索意识的表现。孩子从会说话起，就开始会提问。由于年幼，所提的问题往往十分荒唐，有的可能无法回答，但不管问得怎样，孩子都是渴求得到解答的。对小学孩子的提问，妈妈有的可直接回答，有的可启发孩子自己去寻找答案，妈妈如不能回答，可实话实说，也可和孩子一道探索。

4. 培养孩子的兴趣。

美国飞机发明家莱特兄弟在《我们是怎样发明飞机的？》一书中回忆道："我们对飞机最早发生兴趣是从儿童时代开始的。父亲给我

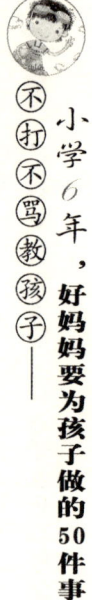

们带回来一个小玩具,用橡皮筋作动力,使它飞入空中。我们就照这个玩具仿制了几个,都能成功地飞起来……"

就是这种能飞的玩具,使莱特兄弟玩得十分上瘾,并引发了造飞机的想象。后来,他们几经周折,在滑翔机上安装了发动机和螺旋桨,让世界上第一架真正的飞机飞上了蓝天。其中使用的螺旋桨,就是少年时的玩具上的那种螺旋桨。

伟大的科学家爱因斯坦说过,"兴趣是最好的老师"。孩子对事物有了浓厚的兴趣,才会全身心地、主动地去探索、去求知。因此,培养孩子的创新意识,首先妈妈要有创新头脑,要为孩子创设有利于发展创新能力的条件、情境和场所,时刻注意对孩子进行创造兴趣的培养,尊重孩子的兴趣爱好,给他们自由选择的机会。

5. 启发孩子多角度思考问题。

永庭的妈妈特别注意培训孩子的多维思考能力,经常在日常生活中对永庭提出许多问题进行启发。如家里买了一条鱼,妈妈会问永庭:"除了蒸以外还有什么吃法?"喝茶的时候,妈妈会问永庭:"茶杯除了喝茶的用途外,你还能说出别的用途吗?"突然下了一场大暴雨,妈妈会问永庭:"树倒了,菜淹了,这些害处是明摆着的,那么,这场暴雨就没有一点儿益处吗?"等等。在妈妈的训练下,永庭的独立思考能力比同龄的孩子要强许多。

在日常家庭生活中,要经常引导孩子多角度看待事物和分析事物,逐渐养成换一种思路思考的好习惯。这样可以防止定向思维的形成。其实,社会生活和家庭生活中的每一种事物,都可以作为启发孩子多角度思维的内容。多角度思考问题,实际上就是进行发散性思维的训练。培养发散性思维是培养创造能力的前提。因此,妈妈要注意从小引导和培养孩子多角度思考问题的能力。

第 16 件事　让孩子爱上读书

书籍是人类进步的阶梯，读书是人类获取知识的重要手段。培养孩子读书的习惯对于孩子独立思考和自我教育能力的发展有着极其重要的意义，是孩子开发智力、发展能力的重要手段，也是家庭教育工作中非常重要的内容。

世界著名教育家苏霍姆林斯基提倡的教育思想影响着全世界，他指出："一个孩子不思进取，往往是由于他没有读过一本好书。"他曾语重心长地、不厌其烦地告诫每一个妈妈："你应该像寻找宝石一样去寻找那些关于杰出人物生平和斗争事迹的书籍，而且要把这一类书放到你书柜最明显的位置上。"

18世纪俄国有一位杰出的科学家叫罗蒙诺索夫，他生长在俄国北方的一个渔村，是一个渔民的儿子。他8岁丧母，10岁时父亲又娶了继母，从此他从早到晚在咒骂声中度过，整天干着繁重的家务活。凶狠的继母只要看见小罗蒙诺索夫手里拿着书本，就立即上前夺过来，撕个粉碎。可怜的小罗蒙诺索夫只好趁夜深人静的时候，悄悄一个人躲到屋后的一间板棚里，靠着一支蜡烛的微弱光亮，如饥似渴地读书。

有一次，罗蒙诺索夫和父亲一起出海打鱼。突然间，狂风怒吼，海上掀起了巨浪，帆船在海中颠簸起来。就在这千钧一发之际，小罗

蒙诺索夫勇敢地爬上了摇摇晃晃的桅杆,迅速地扎起了吹脱的帆篷。帆船安全了,继续平稳地行进。父亲为了奖励他,要给他买一件鹿皮上衣,但是被他拒绝了,而是要父亲给他买一本讲授自然知识的书。他要去探索天空、陆地和大海的奥秘。得到这本书后,他更是抓紧点点滴滴的时间阅读。

他孜孜不倦的追求,终于使他成为伟大的哲学家、科学家和诗人。他的伟大业绩不仅为俄国人民所敬仰,同时,也给全世界的科学事业增添了光辉的一页,激励着全世界的人们。

无数的事例一再证明:阅读可以改变孩子的命运。

阅读净化孩子的灵魂。书能够影响人的心灵,而人的心灵和人的气质又是相通的。经常读书的人,就能发现自己心灵的缺陷和不足,从而改变自我。凡是读书多的孩子,一般来说,其视野必然开阔,其精神必然充实,其志向必然高远,其追求必然执著。

阅读教会孩子思考。经常读书的孩子会思考,知道怎么才能想出办法。他们的思维比较敏捷,能够把无序而纷乱的事物理出头绪,抓住根本和要害,从而提出解决问题的方法。

阅读给孩子的人生以进取的力量。通过阅读,孩子可以达到更高的人生境界,体验人类的高尚精神,从而在自己人生面对挫折和困惑的时候,给予自己无穷的前进力量。

阅读不能改变人生的长度,但可以拓展人生的宽度;阅读不能改变人生的起点,却可以定位人生的方向。

孩子的成长是离不开书籍的。让小学孩子读一本好书,或许就会改变孩子的命运。

真正爱孩子的妈妈,都应该对孩子进行耐心细致的训练和培养,使孩子养成这一终身受益的习惯。

● 妈妈应该这样做

1. 从小开始培养孩子的读书习惯。

徐功巧是我国首批自己培养的 18 位博士中唯一的一位女博士。徐功巧的父亲是个很有影响的知识分子，为了把孩子早日培养成材，在功巧牙牙学语的时候，就买了看图说话小卡片给她看。随后，他又买了连环画、童话集、科普画册……应有尽有。单是《小学生百科全书》就有一百多本。琳琅满目的书，为孩子展示了一个新奇的世界。功巧在书的海洋里尽情遨游，丰富了想象力，培养了热爱科学的感情，更萌发了探索科学奥秘的决心。

功巧在小学读书时，她家的小院里养了十多只小鸡。她天天对它们进行观察。后来小鸡突然染上了疾病，一下子都死了。功巧缠着父亲追问："小鸡好好的，怎么一下子都死了？"父亲没有直接回答这个问题，而是特地又为她买了有关家禽饲养和疾病防治方面的书，让她自己从中寻找答案。

培养孩子读书的习惯最好是从小开始。孩子刚出生不久，就可以念书给他听。不要以为孩子听不懂，浪费时间。其实，当婴儿瞪着眼睛听你念书的时候，他的语言和理解能力正在悄悄地发展，对书的初步认识在他的意识里逐渐形成。读书的时间要选在孩子安静的时候，最好每天在大体固定的时间给孩子读书，每次要保持 10～15 分钟。这样坚持不懈，就会产生令人意想不到的效果。研究证明，常听妈妈读书的孩子，智商较其他孩子高 50%，并且容易养成读书的习惯。

2. 妈妈要率先垂范。

清朝中叶，有一位与袁枚、赵翼合称"江右三大家"的著名学者蒋士铨（1725～1785）。他长大成材，很大程度上靠的是母亲钟令嘉

对他的苦心教育。

蒋士铨刚刚4岁时,母亲就教他认字。士铨长到七八岁时,母亲一边纺纱织麻,一边教他读书。她把书本放在自己的膝盖上,让士铨坐在膝旁,她手里干着活儿,嘴里一句一句地为孩子领读。她读一句,士铨就跟着学一句。咿咿呀呀的读书声和嘶嘶轧轧的纺车声两相伴随,别有一番境界。有时候,他们母子二人就一直这样苦读到深夜。冬天的夜晚,天寒屋冷,母亲就让孩子坐在胸前,用薄被盖住他的双脚,陪着他照样攻读不止。士铨读得太累了,就在母亲的怀中睡上一会儿。等他稍一清醒,母亲又催促他读了起来。

言传不如身教。妈妈首先要爱惜书,尊重书,一个对书没有感情的人如何能有读书的习惯呢?同时,妈妈有无读书习惯,对上小学孩子形成读书的习惯影响最大。要培养孩子读书,最好是妈妈本身也爱读书,如果妈妈在看电视,却拼命叫孩子读书,孩子只会觉得你在娱乐,而要他去做苦差事。妈妈要在家庭之中创造读书条件,营造读书氛围,让孩子在潜移默化中爱上读书。

3. 营造读书环境。

妈妈可以把家里的书柜代替酒柜,酝酿书香的环境及气氛,利用家中的书,设立"家庭图书馆";还可以为孩子买一张有台灯的新书桌给他,有了属于自己的书桌,孩子看书的时间会增加,读书习惯也会逐步养成。此外,有条件的妈妈要尽可能为孩子准备独立的书房,提供一个通风、固定、光线充足、干扰较少的学习环境。

4. 激发孩子的阅读兴趣。

卡尔·威特是世界著名的神童。他的爸爸在教小威特读书时,先买来小人书和画册,把其中有趣的故事讲给他听,然后对他说:"如果你能认识字,这些书都能看明白的。"有时他干脆就不把书中的故事讲给小威特听，而是对他说："这个画上的故事非常有趣，可爸爸没工夫给你讲。"这样就激发起了小威特一定要识字自己阅读的愿望。

在家中摆满各种有趣的书籍，让孩子可以顺手拿来翻看与欣赏。不过可别忘了及时给予鼓励。要使阅读成为孩子生活中不可缺少的内容，使阅读成为一种享受而不是负担，这需要身教。如若妈妈视阅读为生活乐趣的一部分，孩子自然会乐于读书。妈妈经常津津有味地读书看报，对待书报总是兴致盎然，孩子也会觉得读书一定很有趣，对书籍也会充满好奇，从而主动去读书。

5. 让孩子学会做读书笔记。

俗话说"好记性不如烂笔头"。妈妈应该引导孩子读书时勤于动笔，养成记笔记的习惯，这有利于加深理解书中的内容，更有利于训练思维能力和语言表达能力。读书时，可以在书上根据理解画上不同的标记，但不能过多，每种符号代表的意思要一致。也可在书上写批语，或者摘录书上的部分内容，或对文章进行概括，写出文章的提纲等，也可写心得或笔记。

第17件事 促使孩子自觉主动地学习

自觉主动地学习，即孩子不用妈妈和老师督促、监视，就能积极主动地求知。这是优秀孩子的必备品质。自觉主动地学习，是知识经济时代的必然要求，是未来世界对孩子的呼唤。自觉主动地学习，是孩子开掘自身潜能的最佳途径，是妈妈塑造创造型孩子的必经之途。

成功地考入世界一流学府哈佛大学的任冰，其母亲王超芳从他呱呱落地开始，就非常注重对他进行启发和引导，使小任冰在强烈的好奇心和兴趣的驱动下，自觉主动地学习，不断领悟新的知识。

王超芳在总结自己的教子经验时说："我从来不强迫孩子，只是在适当的时候，给冰冰以启发和引导，让他自觉主动地学习。我主要是通过各种方式，引导他对学习产生强烈的兴趣，因为兴趣是孩子学习的原动力，有了兴趣之后，孩子自然会以满腔的热情主动去学习，而不用妈妈操心。"

事实正如王超芳说的那样。当任冰还只有四五岁时，社会上兴起了"早期定向培养幼儿特长"的风气，掀起了"小提琴热"、"电子琴热"或"钢琴热"等这个热那个热。看着别的父母把自己的孩子纷纷送进各种"特长班"，王超芳也怦然心动，就把小任冰送入了一家"钢琴培训中心"，结果王超芳发现孩子坐在钢琴面前烦躁不安，毫无兴趣。

王超芳通过阅读幼儿教育著作，并与丈夫商议，毅然让小任冰从"钢琴培训中心"退出，她说："我们决定，绝不理会世俗的偏见，以便留给孩子一个自由自在、无忧无虑、完完全全、纯纯正正的童年。"

有一次，王超芳夫妇带小任冰到天文台去参观，他们发现小任冰对天文学特别感兴趣，一路上问这问那。王超芳便每个星期日都带孩子到天文馆或天文台去看天文望远镜、星球仪等，让孩子从仪器、图片或模型上去了解宇宙，并且为孩子买回很多介绍天文知识的彩图和画册。

在母亲的精心引导下，任冰对天文学产生了极其强烈的兴趣，几乎达到了痴迷的地步。几乎不用母亲督促，他便主动去翻阅有关天文学的书籍，小小年纪，就立志长大后要成为一名天文学家。

当王超芳引导任冰树立了要当天文学家的坚定的志向之后，便因势利导地用这个志向来激发小任冰自觉主动地学好各门功课。

从上面任冰成材的例子，我们不难看出，所谓让孩子自觉主动地学习，就是"自主教育"。促使上小学的孩子自觉主动地学习，需要妈妈更新家教的理念，遵循启发引导的教学原则，巧妙运用卓有成效的教子策略，需要妈妈坚决地摒弃一切陈腐的、不当的家教方法，更需要妈妈具备冷静的教子理智和匠心独具的教子智慧。所以，怎样提高孩子的学习自觉性，已成为当前亲子教育的前沿课题摆在我们面前。

● 妈妈应该这样做

作为孩子，聪明是基础，但贪玩是共性，这就要求妈妈要正确教育，使其走上自觉学习的道路。为此，妈妈应从以下几个方面培养孩子自觉学习的习惯：

1. 激发孩子的学习热情。

陈继是个正在上六年级的小男孩，他不但成绩好，而且各方面都

很棒,每学期三好学生、优秀班干部等奖状都捧回家一大堆。有人问:"你怎么这样优秀啊?"陈继都会谦虚地说:"跟爸爸比,我还差得远呢!"原来,陈继的爸爸是个科学家,也是个非常优秀的人。妈妈从小就教育他要向爸爸学习。为了赶超爸爸,陈继把自己的全部热情倾注在了学习上面,他希望自己长大后也能成为爸爸那样对国家有用的人。

妈妈要经常对孩子进行人生教育,教育他们爱祖国,并用模范人物做典型,讲述他们的英雄事迹,树立榜样,培养他们爱集体、爱学习、爱劳动等良好的品质。同时,还要注重理想教育,帮助孩子从小树立为祖国学知识,长大以后为祖国做贡献的信念,使他们认识到刻苦学习,掌握更多的科学知识,是为了更好地报效祖国,从而激发孩子的学习热情。

2. 启发孩子自觉学习的兴趣。

小学孩子好奇心极强,妈妈要充分利用孩子的这一点正确引导他们。从孩子三四岁开始看连环画,妈妈可以通过故事情节培养孩子认字的兴趣。在实际生活中,孩子看到飞机时会问飞机为什么会飞,看到汽车会问汽车为什么会跑,等等。作为妈妈就应该给他讲道理,即使一时讲不清的也绝不能回避,应当认真地对孩子讲:"你提的问题很好,你现在上学就是为了学习科学知识,等你长大了,掌握了科学知识,你就会明白了。所以,从现在开始就应该努力学习。"在客观世界里存在着许多"为什么",要搞明白这么多"为什么",就必须学习文化知识,使孩子对科学知识产生浓厚的兴趣,从而激发孩子自学的兴趣。

3. 增强孩子学习的自觉性。

俊俊是个三年级的小女孩,她的学习成绩非常不错。妈妈为她做了一本"光荣册",把她获得的一次次荣誉,包括获奖日期、奖品或奖状的内容、颁奖单位——记录下来,并告诉她这一切已成为历史,这只说明过去努力了并获得了荣誉,因此,要多想一想以后怎么办,千万不能骄傲自满。在妈妈的鼓励鞭策下,俊俊一直在不断进步。

妈妈要千方百计增强孩子的学习自觉性,有了自觉性,孩子在学习上就不会再用父母催促和监督了。只要教育方法得当,社会、家庭、学校共同努力,孩子的学习自觉性就会提高,学习成绩会有更大进步。

第18件事　尊重孩子多样的兴趣爱好

美国教育学家斯宾塞曾经说:"妈妈不能太看重孩子的考试分数,而应该注重孩子思维能力、学习方法的培养,尽量留住孩子最宝贵的兴趣与好奇心。绝对不能用考试分数去判断一个孩子的优劣,更不能让孩子有以此为荣辱的意识。"

人各有不同的兴趣与爱好,不能勉强,也不应勉强。对于成人,这一点大家都认识得比较明确。但是对于孩子,有的妈妈在这一点上认识模糊。她们不愿承认孩子,尤其是自己的孩子也有独特的兴趣与爱好。孩子的兴趣爱好表现在诸多方面。如在休闲方面,有的孩子喜欢哼几句流行歌曲,有的孩子喜欢下棋或玩牌,等等。

孩子对有兴趣的事情往往容易全心投入,最易见成绩;反之,则难有成就。人最可悲的是一生对什么都没有兴趣和爱好,孩子最不幸的是妈妈凭主观意志扼杀其兴趣和爱好。然而,生活中总有许多的妈妈无视孩子的兴趣和爱好,强行剥夺孩子的兴趣,其结果必然会束缚孩子的发展。

下面的这个案例说明了这一点:

李晓强是一个喜欢足球的五年级男孩,从小就迷上了足球,还参加了校园足球队,可李晓强的妈妈硬是不让他去参加活动,说是怕影响学习。李晓强决心要说服妈妈,他希望走自己的路,于是李晓强找出各种理由进行辩解。

"不行,不许去!"妈妈不软不硬的声音传来,李晓强立即像泄了气的皮球一样,倒在椅子上。拿起书本,他真想大声叫喊:"什么课外练习,什么数学英语,我都不要!我要踢球!哼!不让我去,我在家里也一样踢。"

于是,李晓强在门厅里踢起足球来。这一招果然灵验,妈妈急匆匆地赶来,"哎呀,你这个孩子,你就不想想,妈妈不是为你好吗?你不好好学习以后怎么能考上大学?不上大学哪有好工作?"

李晓强大声地说:"妈妈你怎么就只知道让我考大学,不知道成功的路不止一条,再说,我的学习也不错啊。一星期一次就三个小时,我也应该轻松一会儿啊。"可爸爸却在一旁说:"一星期三个小时,一个学期下来就是多少小时啊!"

李晓强终于无可奈何了,泪水充满了眼眶。他委屈地说:"唉,爸妈从不理解我。自三年级以来,我就没有出去看过电影、逛过公园,唯一的爱好——足球也不让踢了,我的近视就是这么一天一天地学出来的。"看着满桌子的课本和学习资料,李晓强的泪水再也止不住了。

有的妈妈也想尊重孩子的个人兴趣,但往往不知道该如何做才算尊重孩子的兴趣。那么,你不妨按照下面的方法来做做看,你一定会发现,其实尊重孩子的兴趣并不难。

● 妈妈应该这样做

1. **发现和引导孩子的兴趣。**

罗素是英国当代最杰出的哲学家、思想家、文学家,他的哲学兴趣正是从童年时代对知识的好奇和渴求开始的。其祖父是个非常喜欢读书的人,家有万卷藏书。罗素从小就对书籍表现出了浓厚的兴趣,

妈妈看到他读书沉醉的神情，就刻意培养他的读书兴趣。在妈妈的引导下，祖父的图书室成了罗素最爱去的地方。罗素在这里任意浏览各类图书，无论是历史、文学、哲学还是数学，各种知识他都如饥似渴地汲取，为他以后的成就奠定了坚固的基础。

妈妈要善于发现孩子的兴趣爱好，并试着引导孩子的兴趣，尽可能地为孩子创造机会和条件，让孩子无忧无虑地在自己喜爱的天地里畅游。这样会激发孩子的最大潜能，使他在某一领域取得突出成就。这就首先需要妈妈养成仔细观察孩子的习惯。孩子反反复复做的事情往往就是他们感兴趣的；其次，妈妈应该站在一个平等的立场上与孩子沟通，多听听孩子的想法，多问问孩子喜欢做什么，或许妈妈从孩子天真的回答里可以发现孩子的兴趣所在。

2. 尊重孩子的爱好和兴趣。

有一位家长自认为女儿有舞蹈艺术天赋，夫妻俩省吃俭用，将女儿送进少年艺术学校，聘请了舞坛名师，每周辅导三次，除了上学、吃饭、睡觉外，把孩子整天关在屋里，一刻不停地练，每天多达五六个小时。可是，孩子并不感兴趣，一上舞蹈课就头脑发晕、没精打采，在学校上课总是提不起精神，学习成绩直线下降，最后只好作罢。家长的"舞蹈家之梦"因此而破灭，妈妈的艰辛付出未能在孩子身上得到相应的回报。

妈妈在决定培养小学孩子的兴趣爱好之前，不妨先听听孩子的意见，尊重孩子的选择。一定要选择一种比较适合孩子性情及兴趣的才艺，千万不要让他一下子接触太多，或强迫他学习没有兴趣的东西，以免破坏他以后学习的信心和欲望。妈妈们请务必记住，小学孩子的兴趣之苗一旦破土而出，作为妈妈就要精心呵护，不要让其因"杂草"淹没而枯萎，更不要随意破坏它。

3. 培养孩子的兴趣不可盲目跟风。

现代妈妈都非常希望自己的孩子能够掌握多种技能,能够有一个美好的前途。但是很多时候妈妈并没有考虑孩子的兴趣爱好,而是喜欢跟风,看到现在流行什么就让孩子学习什么。孩子就这样在妈妈的安排下一次又一次地被动接受。孩子的兴趣爱好得不到满足,导致孩子厌学,并把这种情绪发泄到其他学科,这对孩子的成长是非常有害的。

4. 引导孩子统筹兼顾兴趣和学习。

如果处理得好,孩子的兴趣和学习就能取得双丰收,反之,如果处理不当,二者就会失衡。

李力是个三年级的男孩,暑假跟舅舅学会了下象棋,没想到从此一下子陷入进去。天天不是缠着父母跟他下棋,就是一个人琢磨棋谱,甚至连睡觉嘴里都还叫着:"将军!吃马!踢炮!"这样一学期下来,他的成绩由原来的全班第二名一下子滑到了二十几名。这引起了妈妈的重视,围绕"学习和象棋"的问题,妈妈跟他推心置腹地做了一次长谈,最后跟李力达成协议:成绩不能赶上来,今后就不能玩象棋,如果能赶上来,那么,以后在周末和假期可以随便玩象棋。为了心爱的象棋,李力发奋努力学习,再次考试的时候,他竟然取得了全班第一的好成绩。

在兴趣和学习面前,妈妈要教会孩子二者兼顾。不能因为兴趣荒废了学习,也不能为了学习扼杀兴趣。只有二者兼顾,孩子才能全面发展;只有二者兼顾,才能培养出高素质的孩子。

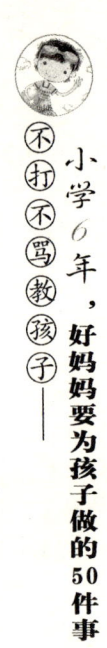

第19件事　呵护孩子的好奇心

1905年,爱因斯坦发表了三篇划时代的科学论文,创立了著名的相对论理论。他在回答记者"自己的成功之道"时说:"我们思想的发展,在某种意义上常常来源于好奇心。"

对于初涉入世的孩子来说,身边的世界是那么陌生、新鲜和神秘,在他的心灵中充满了探索、求知的欲望,这宝贵的好奇心正是他智慧的火花,更是促使他学习的原动力。

一个富有好奇心的孩子,能够保持旺盛的求知欲,在获得知识的过程中体验乐趣,这种乐趣又会激励他不知疲倦地去探究未知的领域,促进其智力的发展。好奇心就像是性能优良的赛车引擎,保证赛车勇往直前,在激烈的竞争中遥遥领先。

大多数孩子都有好奇心,这是孩子的生理和智慧发展的标志,做妈妈的应正确看待并因势利导。古今中外有不少伟人就因幼年好奇心旺盛,长大后创造了卓绝的成就。

约翰·道尔顿是英国化学家、物理学家。1808年他发表了《道尔顿原子学》,从而被誉为原子理论的创建人。为了纪念他,科学家至今还把他的名字用做原子量的单位。奇怪的是,医学上有一种病叫"道尔顿病"。这里的道尔顿,不是别人,正是这位化学家和物理学家。

那么,"道尔顿病"是一种什么病呢?为什么用道尔顿的名字命名?这里还有一段故事呢!

那一天是圣诞节。少年道尔顿到街上去买了一双长筒袜,作为节日礼品亲手送给母亲。母亲收到这份礼品非常高兴。她打开礼品盒一看,"啊,原来是一双红色的长筒袜。"她感到颜色实在太鲜艳了,与自己的年龄和身份不太相称。

她笑着问道:"约翰,你的礼物真让人高兴,但是你怎么看上了这么鲜艳的颜色呢?"这使道尔顿感到有些奇怪。他不以为然地说:"难道深蓝的颜色还不稳重吗,妈妈?"

"什么?约翰。它和樱桃一样红呀!"

"不对,妈妈。是我亲手挑的,是深蓝色。"

"是红色,约翰。妈妈的眼光不坏。"母亲重复回答。

道尔顿找来了弟弟,弟弟也说是蓝色的。而且,他俩对颜色的感受完全一样。

可是,他的朋友们和他俩的识别力却不同。朋友们开玩笑说:"照你所说,你将永远也看不到女性美丽动人的面容。你会把她们面颊上那羞涩的红晕,看成一片浅蓝。"但母亲没有对他冷嘲热讽,而是鼓励他找出他的视觉与众不同的原因。

在母亲的鼓励下,道尔顿勇敢地面对了自己的色觉与别人不同的事实。

道尔顿仔细分析了自己的体验,还对周围的人做了各种调查研究。在此基础上,他又花费多年时间经过多方考证,写出了一部科学著作——《论色觉》。这是人类第一次发现色盲病,而道尔顿就是色盲病的第一个发现者,也是第一个被发现的色盲病人。正因如此,色盲病至今仍被称为"道尔顿病"。

好奇心与孩子将来的发展有什么因果关系呢?爱迪生说:"天才

就是百分之一的灵感加上百分之九十九的勤奋!"这百分之一的灵感就是孩子的好奇心,因此做妈妈的应当珍视这点灵感,进行有效的启发和诱导,绝不能漠然视之,更不应当泼冷水。当然,对启发和引导小学孩子的好奇心也不能操之过急、要求太高,更不要认为孩子有了好奇心就一定会有创造发明,将来要成为科学家了。因为好奇心毕竟只是这一方面的萌芽,距创造发明还有一段遥远的距离。

从某种意义上说,孩子的创造力起源于好奇心。而小学孩子的好奇心往往萌生在那些恶作剧中。这时,妈妈切不可简单、粗暴地阻止或指责,而是要珍惜和呵护孩子的好奇心,激发孩子的好奇心,鼓励孩子的每一点进步。

儿童心理学家经过长期的研究发现,好奇心是推动孩子求知的重要力量。因此,作为孩子第一任人生导师的妈妈,学会呵护孩子的好奇心非常必要。

● 妈妈应该这样做

妈妈如何呵护小学孩子的好奇心呢?教育专家指出,可以从以下几点做起:

1. 满足孩子的求知欲。

我国已故著名桥梁建筑家茅以升小时候是个好奇心非常强的孩子。他常常独自一个人坐在院子里,看蚂蚁怎样搬家,看柳树怎样冒出绿芽。他还会久久地思考:月亮为什么有时圆有时缺?太阳为什么总是从东山升起,又落到西山背后?……茅以升7岁那年的元宵节,他随父亲去看灯。那会转圈的走马灯引起了他极大的兴趣,他向父亲提出了一连串问题:"小人小马怎么会转呢?""怎么有时快有时慢?"父亲告诉他:"是蜡烛的热气熏的。"父亲的答案没有完全满足茅以升的好奇心。为了弄清原因，他去买了一盏走马灯来，反复吹灭又点燃里面的蜡烛，终于发现了走马灯不停转动的奥秘。

作为妈妈，在与孩子接触时，不要认为孩子有点"傻乎乎"的，更不要说："你还小，等你长大后就会明白了。"其实，孩子们的提问，正是由于他们知识、经验不足，而好奇心促使他们提出各种各样的问题，如果处理不当，孩子们求知欲望的火花就会因此而熄灭。妈妈要尊重孩子在知识、能力、判断方面的自尊心，学会在孩子的面前表现出自己的谦逊，让孩子有一个独立思考的空间。

2. **指点，而不要说教。**

孩子从观察中得来的对自然界的印象，比从妈妈那里或书本中得到的要生动、深刻得多。例如，要使孩子懂得为什么饭前要洗手，只要让孩子看看显微镜下的脏手就可以解决问题；带孩子玩用塑料袋装空气的游戏，就会使他感受到空气的存在；烧一壶开水，在冰箱里冻一块冰，就可以使他们了解水的三态变化……类似这些简单的指点，比枯燥的说教更容易令孩子理解。

3. **不敷衍孩子的发问。**

有一位10岁的小学生的一项"无空耗电度表"发明，获得了全国青少年发明二等奖。之所以能获此殊荣，就是因为这位少年具有较强的好奇心，遇事愿意多问。他从小就有强烈的好奇心，总是爱提各种各样的问题。他会问："天上为什么会打雷、下雨？""为什么花是红的，叶是绿的？""白天，星星躲到哪儿去了？晚上，太阳下山后是不是回家睡觉了？""我从哪儿来？""妈妈的妈妈的妈妈是谁？"等等。面对他的问题，妈妈总是认真回答，有效地将他的求知欲激发起来，将他引入了探索的殿堂。

无论孩子提出什么问题，妈妈都不要制止他，更不能嘲笑他，而

应该根据他的年龄和理解能力,尽量给他解释清楚。

4. 给孩子提供动脑、动手的机会。

赵侠是个小小的"破坏分子"。他会用力砸开收音机或电视机,看看那些说话、唱歌、跳舞的小人躲在哪个角落里;他会扔下一大堆玩腻的玩具,翻箱倒柜地拨弄父母的书籍与收藏物,看看有无新鲜玩意儿;他会把自己种下的种子天天挖出来,看看它是怎么发芽生长的,等等。面对赵侠的这些行为,妈妈明白这是因为孩子对这个世界充满好奇所致,所以不打不阻止,而是支持并给予指导。

根据孩子模仿性强、爱动的特点,让他们充分利用手边的工具,自己观察、自己动手。如,通过小实验和日常观察等活动,让孩子去获取知识,还可以让孩子自由制作玩具、设计游戏等。孩子对自己动脑想出来、动手做出来的东西,有一种偏爱和特殊兴趣,这有利于激发他们的求知欲,从而培养起学习兴趣。

正如一位哲人所说:"知识是一种快乐,而好奇心则是知识的萌芽!"孩子的好奇心往往就表现在一些细微之处,表现在一个细小的问题中,作为妈妈,应该用你的爱心和责任心,来呵护孩子稚嫩的好奇心。

第三章

培养良好心态，塑造孩子的健康心灵

第20件事 树立孩子的自信心

自信是成功的关键。自信如笔,能书写出人生成功的篇章;自信如光,指引着我们前进的方向;自信如犁,能开垦希望的美丽田园;自信如火,能点燃心中希望之光。

自信,是孩子走向成功的希望,作为妈妈,一定要从小就培养孩子的自信心。

原美国通用电气公司董事长杰克·韦尔奇,被称为世界第一经理人。杰克出身于一个典型的美国中产阶级家庭,不算穷,也不富,父母结婚16年后才有了这个独生子。他父亲是个工作狂,每天都早出晚归,所以培养孩子的任务就落在了母亲的身上。与其他母亲不一样的是,杰克的母亲对儿子的关心更体现在提升儿子的能力与意志上,她要求儿子一切从自信开始,努力主宰自己的命运。杰克从小就口吃,可母亲说这算不了什么缺陷,甚至还表扬他:"你有点口吃,正说明了你聪明、爱动脑,想的比说的快些罢了。"如果是别的不够明智的父母,可能会让孩子为这个缺陷而感到自卑,自己也感到难过。但她却将其作为一种激励,这无疑给杰克带来了极大的自信。

结果略带口吃的毛病并没有阻碍杰克的发展,影响他的自信。在实际生活中,注意到他有口吃这个缺陷的人士,反而对他更加敬重,因为一个有这样缺陷的人在商界竟取得了这么辉煌的成就。美国全国广播公司新闻部总裁迈克尔甚至开玩笑地说："杰克真行，我真恨不能自己也口吃！"

杰克从小就非常喜欢运动。尤其喜欢打曲棍球，经常和同学到其他城市参加比赛。别的孩子出远门父母都要陪着，可杰克的母亲很早就把儿子当大人看待，她总是让儿子独自去参加比赛。杰克的中学成绩应该是可以保证进入美国最好的大学的，但结果却事与愿违，只能进麻州大学。开始他感到非常沮丧，想不去上学，来年再考。母亲却鼓励他就上麻州大学。

杰克进入大学不久，原先的沮丧变成了庆幸。他说："如果当时我选择了麻省理工学院，那我就会因为入学成绩较差，而被昔日的伙伴们打压，永远没有出头的一天，然而这所较小的州立大学，让我获得了许多自信。事实证明，母亲让我进麻州大学是对的。"

后来，杰克果然成了麻州大学最顶尖的学生。

自信是人生成功的第一要素，成功只青睐自信者，与自卑或自负者无缘。自信对一个孩子一生的发展所起的作用，无论在智力上，还是在体力上或是处世能力上，都有着基石性的作用，自信心能够成就孩子的一生，在某种意义上，它比智力、知识更重要。

培养孩子的自信心是塑造孩子心灵的关键。每个孩子都需要自信，就像树木需要阳光雨露一样。而在培养小学孩子的自信心方面，妈妈起着至关重要的作用。

妈妈一定要明白：孩子的信心是在一次次成功的行动中培养起来的，因此要尽量让孩子自己去探索，搞懂自己不明白的事物，让孩子做成自己想做的事，让孩子体验到成功的喜悦，满足想得到别人肯定、鼓励的心理需要，让孩子觉得"我能行"。

自信是每个人做事成功的动力和源泉，妈妈要时时以赏识的眼光看孩子，让孩子扬起自信的风帆，以迎接成功的喜悦。这样，你的孩子才可能像杰克·韦尔奇一样，取得举世瞩目的成就。自信是孩子成长过程中的精神核心，是促使孩子充满信心去面对困难、努力完成自己愿望的动力。美国成功学家卡内基也说过："谁拥有了自信，谁就成功了一半。"

● 妈妈应该这样做

妈妈如何培养上小学的孩子的自信呢？建议从如下几方面入手：

1. 多给孩子一点鼓励。

辽宁师大少年残疾大学生周婷婷的父亲是一个非常了不起的父亲，他把天生聋哑的女儿培养成了一名少年大学生。周婷婷父亲的成功经验就是赏识孩子，鼓励孩子，培养孩子的自信，让孩子感觉到成功的欢乐。他经常用欣赏的眼光、肯定的口气鼓励周婷婷。用他自己的话来说：哪怕一个小小的优点也要小题大做。

当孩子遭遇失败的时候，孩子最想父母给予他的就是鼓励。有了鼓励，孩子才会有勇气继续做下去；有了鼓励，孩子的自信心才会增强。

2. 多给孩子一点表扬。

琪琪从小就喜欢画画，起初画的画，几乎张张都是"四不像"，鸡鸟不分，虎猫不分。妈妈看后只说"画得不错"、"画得很好"、"大有进步"。妈妈多次表扬之后，琪琪的画真的画得不错了。

当孩子递给妈妈一份成绩并不理想但若干题做得不错的试卷时，妈妈应当表扬孩子；当孩子的作业完全做错但书写整洁时，妈妈应当表扬孩子；当孩子犯了某些错误却能主动承认错误时，妈妈应当表扬孩子。人都是喜欢表扬的，我们的孩子也是一样。你越表扬他，他就越会去注意，他就做得越好；做得越好，他就越有自信心。你的表扬、你的几句好话，将会影响到孩子的一生。所以，妈妈们千万不要吝啬对孩子的表扬。

3. 多给孩子一点关爱。

除给予孩子生活的关爱外，学习上同样要给予关爱。当孩子作业做错了的时候，当孩子考试成绩不好的时候，妈妈千万不要去骂孩子，更不要去打孩子。骂和打，只会使孩子的成绩更糟糕。妈妈要允许孩子失败，要热情地帮助孩子总结失败的教训，让孩子真正体会到妈妈对他们的理解和信任，让孩子在失败中奋起。

4. 多给孩子创造成功的机会。

河北省有一位农民，他的两个女儿双双考入了重点大学。大家问他的教子"秘诀"何在，他笑着说："我的办法跟别人不一样，不是我教孩子，而是让孩子教我。"这位农民小时候家里穷得读不起书，指望着孩子将来能有所出息。怎样教子呢？想来想去就想了一个办法，等孩子们上学读书的时候，他就跟孩子们一起学。他每天让孩子们把当天学过的知识跟他讲一遍，然后和孩子们一起做作业，不懂的就问孩子们，孩子们不懂的就问老师。孩子们既当学生又当老师，学习劲头非常足，学习成绩自然非常好。

这位农民的"让孩子教我"的做法，为孩子创造了成功的机会，为孩子树立了自信，很值得每个妈妈学习。培养孩子的自信心，关键是妈妈要有一颗爱心。有了爱心，才会尽心尽责去培养孩子，唯有如此，孩子才会有希望。

第21件事 打造孩子的乐观心态

乐观的人总是认为自己命运不错，即使遇到一些挫折，还是深信自己能够扭转颓势，继续努力下去。他们相信自己有能力改善现状，即使处于不幸，他们还是认为自己能够克服不幸。乐观是成功的催化剂，悲观是失败的孵化器。培养小学孩子的乐观精神就是在点燃孩子对未来、对成功的希望之火。

美国有一对兄弟，一个出奇的乐观，一个却非常的悲观。有一天，他们的妈妈希望兄弟俩的性格都能改变一些。于是，他们把那个乐观的孩子锁进了一间堆满马粪的屋子里，把悲观的孩子锁进了一间放满漂亮玩具的屋子里。

一个小时后，他们的妈妈走进悲观孩子的屋子时，发现他坐在一个角落里，一把鼻涕一把眼泪地在哭泣。原来，他不小心弄坏了玩具，怕妈妈会责骂自己。

当妈妈走进乐观孩子的屋子时，却发现孩子正在兴奋地用一把小铲子挖着马粪，把散乱的马粪铲得干干净净。看到妈妈来了，乐观的孩子高兴地叫道："妈妈，这里有这么多马粪，附近肯定会有一匹漂亮的小马，我要给它清理出一块干净的地方来！"

这个乐观的孩子就是后来的美国总统里根。他从报童到好莱坞明星，再到州长，直至当上了美国总统。

乐观是一种健康的性格倾向。乐观的人总是能看到事情比较有利的一面,期待最有利的结果。儿童心理学家马丁·塞利格曼认为,乐观不但是迷人的性格特征,还有更神奇的功能,它能使人对生活中产生的许多困难产生心理免疫。

乐观的人能够珍惜和热爱生活,积极投身于生活,在生活中尽情享受人生成功的乐趣。在这个缤纷繁杂的世界上,悲观的人总是看到灰暗、失败的一面,乐观的人却总是看到光明、成功的一面。当然,我们都有权选择去做一个悲观的人还是乐观的人,如果要想使自己的生活充满阳光、富有朝气,那我们就应该毫不犹豫地选择做一个乐观向上的人。

要想让孩子变得乐观一点,妈妈首先必须能区分乐观和悲观这两种性质截然相反的思想情绪。根据专家的解释,两者之间的最大区别就在于对有利和不利事件原因的解释。

乐观主义者认为,有利的、令人快乐的事情不仅总是永久的,而且是普遍的。他们能努力促使好事发生,而一旦不利的事件发生了,他们也能将其视为暂时的、不具普遍性的,对其发生原因也能采取乐观豁达的态度。

而悲观主义者考虑的恰恰相反,他们认为好事总是暂时的,坏事才是永远的;好事只是靠碰运气,偶然发生的,坏事才是必然的。在解释坏事发生原因时,他们也常常犯错误——或是每件事情都责怪自己,或是全都诿过于他人。

用乐观豁达的心态对待生活很重要,这是孩子应具备的良好品质。身为妈妈,应当努力帮助孩子养成乐观的良好品质。

● 妈妈应该这样做

乐观向上的性格在孩子成长过程中的作用很大。这个道理一般妈妈都懂。可自己的孩子还没有形成这种性格,甚至已经有了悲观、孤僻、懦弱或冲动的不良性格，那么应该怎么办呢？妈妈可以采用以下几种方法：

1. 塑造孩子的乐观性格。

孩子现有的性格是否属于悲观性格，妈妈应该有一个明确的认识，而且父母双方认识应该一致。既然都认为已有的性格不好，应当重塑，就不必灰心丧气，更不能破罐子破摔，明白"性格可以重塑"的道理，培养起乐观的心态。

2. 帮孩子正确地分析自我。

随着年龄的增长，孩子的自我意识越来越强，自我分析能力也就随之产生。但是，孩子年龄毕竟还小，自我分析能力弱，不能获得正确的结论。有了一点成绩，就沾沾自喜；遇到一点困难，又会垂头丧气。沾沾自喜一多，容易产生高傲的性格；垂头丧气一多，又会养成悲观的性格。

玫玫是个二年级的小女孩，她性格比较急躁，干什么事情都静不下心来。写作业总是出错，语文作业本上经常出现别字，数学则明明会的题，却总算错。为此，一天，老师批评了她。她回家委屈地问妈妈："妈妈，我该怎么办啊？"妈妈耐心地帮她分析了作业中总出错的根源——她的性格急躁、注意力不集中。并提出要对她这几方面进行改造训练。玫玫同意了。以后妈妈就用一些分豆子或者穿针类的小游戏训练玫玫的耐性，几个月后，玫玫急躁的性格果然改变了很多，作业的错误也大大减少了。

父母要帮孩子分析优缺点，教会孩子正确认识自我。只有帮孩子正确把握了自己，才能使孩子更好地掌控自己、改变自己，进而实现更大的进步。

3. 引导孩子学会自我调节。

在家庭中，妈妈应随时注意指导孩子自我排除心理障碍，学会自我调节情绪，使不良情感及时得到化解，也就不会导致其悲观性格的形成。比如，孩子有了苦闷，要让他尽量诉说，发泄其情绪，不要让他的委屈长期压在心头，更不要不问青红皂白地批评、斥责，还可以回避孩子敏感、忌讳的话题，或者转移孩子的思路，减轻心理负担，如此等等。因为妈妈对待孩子的态度，往往是孩子乐观性格形成的重要因素。

4. 教会孩子与人融洽相处。

妈妈不妨带孩子接触不同年龄、性别、性格、职业和社会地位的人，让他学会和不同类型的人融洽相处。当然，孩子首先得学会跟妈妈和兄弟姐妹融洽相处，跟亲戚朋友融洽相处。此外，妈妈自己也应与他人相处融洽，做到热情、真诚待人，不势利，不在背后随意议论别人，给孩子树立一个好榜样。

5. 让孩子拥有适度的自信。

岩岩数学是弱项，成绩总是不理想，所以他很怕上数学课。妈妈找来很多名人传记给岩岩看，并且给他讲自己克服工作中的困难的经历。渐渐地，岩岩对自己重新树立了信心，不再惧怕上数学课了。很快，岩岩的数学成绩赶上来了。

拥有自信与快乐性格的形成息息相关。对一个因智力或能力有限而充满自卑的孩子，妈妈务必促使其长处发扬光大，并审时度势地多给予表扬和鼓励。来自妈妈和亲友的正面肯定无疑有助于孩子克服自卑，树立自信。

6. 创设快乐的家庭气氛。

家庭的气氛、家庭成员之间的关系，在很大程度上会影响孩子性格的形成。研究表明，孩子在牙牙学语之前就能感觉到周围的情绪和氛围，尽管当时他还不能用语言来表达。可以想见，一个充满了敌意甚至暴力的家庭，绝对培养不出开朗乐观的孩子。

第22件事 让孩子从小远离虚荣的侵蚀

虚荣心是为了取得荣誉和引起普遍注意而表现出来的一种不正常的社会情感。妈妈对虚荣心较重的孩子不能掉以轻心,而应当采取必要的方法加以纠正。

虚荣心的产生与孩子满足自尊心的需要也有一定的关系。每个孩子都有受尊重的需要。一般来说,尊重的需要可以通过许多正当的手段来获得满足。可是,一些孩子在尊重的需要得不到满足或者尊重的需要可能受到某些挫折时,便通过不适当的手段来获得满足,这就是虚荣。因此说,虚荣心是一种扭曲了的自尊心。

据报载,某市曾发生过一起重大的盗窃案,作案者是两位中学生。他们为了追求物质享受,与别的同学攀比,在虚荣心的驱使下,盗窃了一居民家中的4万元钱,然后乘船去上海,在短短的4天之内,挥霍掉了所有的钱,平均每分钟花钱60元。他们购买最贵的衣服,到最高级的饭店吃饭,住最豪华的酒店。

这个案件中的作案者之一秦大山生活在农村,自幼丧父,靠母亲一个人干活儿养家。虽然家庭条件不好,但妈妈从来不让秦大山在吃穿上受委屈,凡是别的孩子有的,秦大山都会有。她觉得孩子已经缺少了父爱,如果在物质上再比别人差,那就太可怜了。所以妈妈平时总是省吃俭用,而对秦大山提出的要求从不拒绝。秦大山在小伙伴中间算是很气派的一个,他感到很满足。从小学到初中,秦大山的学习成绩一直很好,在妈妈和老师眼里,秦大山是一个好孩子。

但是自从上了省城的高中,情况发生了很大的变化。高中的同学和他以前的同学家庭条件不一样。现在同学的父母都是高收入者,花钱如流水,穿的都是名牌,用的都是高档产品。相比之下,秦大山显得十分寒酸,以前的优越感再也没有了,秦大山的心理便严重失衡,他不甘心落于人后,于是他每次回家都向妈妈要很多钱,和同学们比吃比穿来满足他的虚荣心。

起初妈妈还都满足他,但后来妈妈实在承受不了,好几次都拒绝了他。秦大山见自己的欲望得不到满足,就动了邪念:别人有的我为什么不能有,这不公平。在这种想法的驱使下,秦大山开始偷同学的钱,几次偷盗都没被发现,这更增加了他的侥幸心理。在金钱的诱惑之下,他越陷越深,最后伙同另一少年作案,被公安机关抓获,受到了法律的制裁。

在身陷囹圄后,秦大山终于认识到,是虚荣心害了自己,是追求虚荣的自我意识害了自己。

在汉语中,虚荣往往与虚假、虚伪、撒谎、欺骗、浮躁、出风头等词语一起出现。心理学认为,虚荣心是以不正当的方式保护自尊的一种心理状态。它是为了获得他人的尊重、关注、钦佩、羡慕、崇拜而表现出来的一种不恰当的社会情感。它不仅会伤害他人,还会伤害自己。虚荣心是一种不切实际的东西,有虚荣心的人总想凌驾于他人之上,并在虚荣心的驱使下渐渐迷失自己。据有关调查表明,独生子女的虚荣心较强,在被调查的独生子女中有20%存在较强的虚荣心。虚荣心往往会导致孩子产生其他心理问题,如嫉妒、自卑、敏感,这些都会阻碍孩子的发展。

● 妈妈应该这样做

妈妈纠正孩子的虚荣心过盛的毛病,应采取如下方法:

1. 妈妈不要同别人攀比。

卓卓的妈妈很好面子,无论是在工作还是在生活中,无论是穿衣上还是车房上,事事不甘人后,事事都要超过别人。她对卓卓也是如此,经常拿其他小朋友的优良表现来"刺激"卓卓,比如谁谁比你听话、谁谁比你考得好之类,让卓卓烦恼不已。

妈妈的一言一行都会影响孩子。因此,妈妈必须以身作则,为小学孩子树立榜样。首先妈妈要摆正自己的心态,不要同别人攀比,不盲目追求物质享受。妈妈也不要总是习惯性地给孩子买各种礼物,因为如果形成习惯,孩子就会感觉他得到这些礼物是应该的,你不断给他买,他的虚荣心就会不断膨胀。

2. 多给孩子讲道理。

有的妈妈为了孩子不受委屈往往满足孩子的要求,还有的妈妈对孩子则采用先吼后打的办法,让孩子有理说不出。其实,最好的办法是多给小学孩子讲道理。告诉孩子,拥有名牌并不意味着拥有了较高的地位,只有依靠自己的努力取得成功,才能获得别人的尊重。教孩子根据自己的需要买东西,而不要为了同别人攀比,买自己不需要的东西;让孩子学会理性消费,可以把家中的收入支出讲给孩子听。

3. 让孩子体验劳动收获的乐趣。

如果孩子的要求是合理的,那么妈妈可以为孩子创造一些机会,让孩子靠自己的劳动挣来的钱购买所需要的东西。如让孩子做一些力所能及的事,分担一些家务,然后从中取得回报。一分劳动一分收获,一滴汗水一点回报,让孩子知道仅靠不停地向妈妈张口要这要那,不仅不光彩，而且行不通。

4. 客观地评价自己的孩子。

作为妈妈不应该过分夸大孩子的优点，也不要掩盖孩子的缺点。对那些符合道德规范的行为，妈妈应给予表扬，但应适度。因为经常性的表扬会使孩子认为这些并不是他应该做的，一旦这样做了，便能得到奖励。久而久之，孩子便养成了虚荣的坏习惯，而且越来越严重。对于孩子的缺点，妈妈要及时指出，帮助分析原因，并鼓励其逐渐改正。

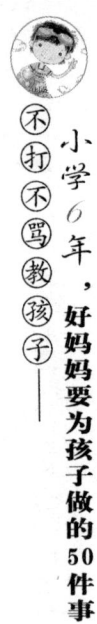

第23件事　引导孩子战胜自卑

自卑是自我评价过低、自己看不起自己的一种不良情绪状态，是自我意识的一种消极表现。自卑的人，往往不切实际地低估自己，只看到自己的缺陷，而看不到自己的长处，老觉得自己不如别人。自卑的人害怕得不到别人的尊重，从而丧失实现自我的信心。他总是以别人为参照物罗列理由，来说明自己的无知和无能。自卑会使人背上沉重的思想包袱，丧失前进的动力，进而影响其一生的发展。

要消除孩子的自卑心理，不仅需要社会和学校教育，更需要妈妈的努力。自卑往往使孩子对学习、对生活甚至对人生失去信心，这对孩子的健康成长是非常不利的。每一个孩子，不管具有怎样的差异，其人格都是平等的。只要有信心，劣势也可以转变。最重要的是妈妈自己要做出榜样的作用，用自信和自强的精神来感化孩子，以纠正自卑心理。

范冰晶在三年级以前学习成绩很好，各方面表现也不错。但自从转校进入一所重点小学后，她就习惯于把自己的各项素质与班上最好的同学比，结果是把自己看得一无是处，认为自己学习能力不行、交际能力不行、动手能力不行、文体方面也没有特长……

凡是能想到的项目，她都可以举出几个比自己强的人，觉得这个世界对自己太不公平了。从此，范冰晶像变了一个人，走在街上，以前的小学老师甚至认不出范冰晶了。

范冰晶佝偻着肩膀，贴着墙角，步履沉重地走着。她认为天空也是灰色的，自己是世界上最不幸的人。

自卑，这是一种人格上的缺陷，一种失去平衡的行为状态。自卑常以一种消极防御的形式表现出来，如妒忌、猜疑、羞怯、孤僻、迁怒、自欺欺人、焦虑等。自卑使人变得十分敏感，经不起任何刺激。

著名的精神分析家阿德勒曾说过，所有的人都有那么一点自卑，无论他是高官巨贾，还是市井贫民，概莫能外。阿德勒还指出，人正因为自卑感所以欲求自我超越，才推动了整个人类社会的发展。因此说，适度的合理的自卑也是有一定的益处的，但过分的自卑则使人什么事都不敢尝试，这种人会与成功越来越无缘。

造成孩子自卑的原因中固然有许多无法改变的客观因素，但是，作为家庭生活中的重要成员——妈妈，对孩子自卑的发生与消除都有密切关系。妈妈对孩子的期望和评价、妈妈与孩子间的言语和非言语的沟通方式及日常的接触，对孩子形成积极的自我评价、恢复或增强自信心都具有重要影响。当孩子发生了不幸或受到挫折，最需要有人安慰和肯定时，妈妈有没有拍拍他的肩膀说"一切都会好起来的"？当孩子做错事或没达到要求时，妈妈有没有告诫自己要远离处罚？当孩子为自身的缺陷而妄自菲薄时，妈妈有没有开导他们这点缺陷并不是生命的全部？诸如此类的情况很多，在这些情况下，妈妈的作用是不可替代的。

● 妈妈应该这样做

面对自卑的孩子，妈妈应该这样做：

1. 帮孩子分析自卑感产生的原因。

只有找到了小学孩子自卑的根源,才能有针对性地加以引导和帮助。很多孩子自卑是由于自己的身体特点、家庭因素、学习成绩等方面的原因而产生,因此需要得到家庭和学校方面的引导。针对个人的原因,妈妈可以利用面质法、理性情绪法等帮助孩子消除自卑。

2. 引导孩子全面地评价自己。

自我评价是一种包含社会行为准则的知识和主观经验的复杂的自我认识,是指自己对自身的思想、能力、水平等方面所作的评价。妈妈可以引导孩子自评和他评,让孩子列举出自己的优缺点,并分别写在一张卡片的正反两面,再请其他的同学在另一张纸上列出孩子的优缺点,两者比较,以得出比较客观的结论,并提醒孩子多注意自己的优点,以增强自信心。

3. 建议孩子使用小目标积累法。

慧慧的妈妈是个自由撰稿人,经常在报刊上发表一些文章。在妈妈的影响下,慧慧自小也爱写作。看到妈妈发表了几个中篇小说之后,慧慧也萌发了写"大"文章的愿望,可是慧慧把妈妈的小说的字数数了一遍后,叹气说:"哎呀,太长了,我可写不了呢!"妈妈就告诉她:"可以一点一点来啊。"于是,妈妈帮助慧慧制订了一个写作计划,每天晚上写作200字。就这样,经过三个多月的努力,慧慧终于写出了自己第一个超过两万字的作品。

很多小学孩子自卑,往往是由于对自己要求过高,把自己已经取得的小成绩淹没在对大目标无法实现的焦虑中,心理上就常常笼罩着悲观、失望的阴影。孩子可以自己制定一个个能在短期实现的小目标,引导自己向后看,从已经实现的小目标中得到鼓舞,增强自信。随着一个个已实现的小目标的积累，不仅会积累成一个实现大目标的动力源，还会使孩子形成足以克服自卑的信心。

4. 鼓励孩子进行积极的自我暗示。

心理学家莫顿曾提出"预言自动实现"的原则，认为人们具有一种自动实现预言的倾向。在孩子心灵的眼睛面前，长期而稳定地放着一幅自我肖像，孩子会与它越来越接近。所以，如果孩子把自己想象成胜利者，将带来无法估量的成功。当感到信心不足时，孩子应该进行积极的自我暗示，把"别紧张，我也行"、"我一定能成功"之类的话写下来，或者大声说出来。

5. 妈妈对孩子的要求要适当。

帮助孩子建立自信，妈妈的要求要适当，不能苛求孩子。妈妈对孩子的要求应该与孩子实际的能力和水平相适应。孩子取得成绩，妈妈应及时表扬、鼓励，使孩子对自己充满信心。对于平时学习成绩差、考试总不及格的孩子，妈妈应以关心和安慰的态度，帮助孩子分析失败的原因，总结经验教训，给孩子以耐心的指导，一步步地提高孩子的成绩，让孩子看到自己的进步，逐渐树立自信心。

6. 尊重孩子的自尊心。

莉莉上小学二年级，自尊心特强，每次考试或平时老师的随堂提问、小测验，如果觉得自己表现没有别人好，回家就哭。妈妈鼓励她说没关系下次考好就行，但她还是不听，自己在作业本上把回答错的问题，重新写上好几遍，甚至几十遍，妈妈不让她写都不行。面对自尊心如此之强的孩子，妈妈特别注意尊重她，从来没有强迫和打击过她。

自尊心是孩子健康向上的基石。帮助孩子建立自信，树立自尊心非常重要。有的孩子自尊心很强，如果做错事，自己就很内疚。

如果妈妈再对他冷嘲热讽，甚至拳脚相加，就会严重挫伤孩子的自尊心，孩子会"破罐破摔"，越来越差。这时妈妈应关心、体谅孩子，对他说人人都会犯错，只要知错就改，下次不犯就行了。这样，孩子会排解消极情绪，逐渐恢复自信。

自卑并不是一朝一夕形成的，克服它也需要一个过程。妈妈应该有信心，有耐心，有恒心。在妈妈坚持不懈的努力下，孩子一定会逐渐克服自卑，建立自信，更加健康地成长。

第24件事　正确疏导孩子的逆反心理

现实生活中妈妈们常有这样的感受：孩子越来越不好管了，脾气越来越犟了，刚要说孩子几句他就十分厌烦，想让孩子这么做他偏那么做，不想让孩子那么做他偏与你唱反调。这就是孩子的逆反心理在作怪。

所谓逆反心理，严重的表现就是有意不听家人或老师的话。大人不让做的他偏要做，大人让他做的他又偏不做；明明知道是对的也不听，故意和大人对着干。逆反心理如果引导、处理不好，会影响孩子的健康成长。

李西闻是个9岁的小男孩，外表文静，可在家里，他会骂人、打妈妈，甚至吃报纸。妈妈去咨询教育专家，说："刚发现他吃报纸时，全家人都很吃惊，反应很强烈，都争着说哎呀宝贝不能吃不能吃，可你越急，他越吃得欢，两年来，家人都愁坏了！"

专家说："这就是孩子逆反心理的表现，也许看到家人急，孩子会觉得高兴、痛快。看到他吃纸，家人不要表现得大惊小怪，要试着顺着他，就说，吃吧，吃吧，你觉得好吃你就吃，要装出无所谓的样子，孩子看到你这样，一吃不好吃，他也就不吃了。"

听专家这么一说，妈妈就试着这样教育李西闻，果真有效。

上述案例很值得我们学习。叛逆是一种极端的逆反心理。有了这

种心理的孩子，经受不了批评、挫折和压力。本能地任性胡来、我行我素，根本就不辨是非、不识好歹，只要有悖自己的意识，就要对抗，这就是叛逆性格的行为逻辑。

一般而言，叛逆是孩子生命周期发展的必经阶段。对叛逆的孩子，不主张使用强压的做法。这种做法，虽然能显示妈妈的威风，却会给孩子的心理造成更大的阴影，从而激起孩子更甚的叛逆心理。

● 妈妈应该这样做

要消除孩子的逆反心理，妈妈应该从以下几方面入手：

1. 与孩子保持平等的关系。

有些妈妈受传统观念的影响较深，认为孩子理所当然应该听妈妈的，她们习惯于对孩子居高临下，喜欢对孩子发号施令，要求孩子对自己唯命是从，孩子稍有些不顺从，稍有些异议，便采取高压政策把孩子的嘴堵上。但是这些妈妈忘了，孩子在一天天长大，他已经开始有了自己的主意和想法，他不会再像小时候一样简单地服从和遵守妈妈的命令，当他认为自己对的时候，他会坚持己见，当他认为自己没有受到妈妈公平待遇的时候他会逆反。因此，要想减少孩子逆反行为的发生，妈妈必须改变原有的做法，把自己放在和孩子平等的地位上，像对待朋友一样与孩子沟通交流。

2. 冷静处理孩子的逆反行为。

香香是个特别淘气的孩子，每遇到不如意的事情，就又哭又闹。妈妈脾气不是很好，每当香香哭闹的时候，妈妈就十分心烦，很想打香香一顿。但是，妈妈总能在关键时刻克制住自己。既然不会打香香，妈妈就扔下香香一个人哭闹。过一会儿，等香香一个人哭闹得没意思了，妈妈的气也消了。妈妈就会回过头来跟香香讲道理。

上小学的孩子一般不太懂得控制自己,当他对大人的管教不服气时,他可能会情绪比较激动,可能会冲大人发脾气,可能会有过激的言语和行动,这时妈妈千万不要跟着孩子一起急,要想办法控制住孩子的情绪,可以先把事情暂时放一放,让孩子看一会儿动画片,出去与小朋友玩一会儿,或者呆在房间里做自己喜欢做的事,孩子的气往往来得快去得也快,等到孩子心平气和之后再来和他说道理。

3. 批评孩子要把握好分寸。

要想减少孩子的对立情绪,妈妈不能滥用批评,批评孩子前先要弄清事情的原委;批评孩子时要分清场合,不要当众尤其是当着孩子同学和朋友的面批评孩子;批评孩子时要注意方式方法,不要把孩子说得一无是处,更不要贬低孩子的人格;批评孩子时要考虑到孩子的情绪,要选择孩子心情比较好的时候,不要在孩子心情烦躁的时候对他说三道四。最后有一点很重要,好孩子都是夸出来的,对孩子要多些表扬少些责怪,要经常想想孩子的长处,关注孩子的点滴进步,找寻孩子身上的闪光点,孩子平时受到的表扬和鼓励多了,犯了错误也会更容易接受妈妈的批评。

4. 要多多理解孩子。

门门是个六岁半的男孩,上一年级了,但学习成绩很不好。老师说他好像没有进入学习状态,妈妈很费劲儿地教他,甚至爷爷奶奶一起上,效果还是不理想。如果折腾急了,他就开始耍无赖。你让他做什么他就不做,不让他做他非做。妈妈和他交流以后当时好一点,但是过不了几天又不行了。后来,妈妈参加了一个家庭教育讲座,才明白自己没有理解小学生身心发育的规律,而是按照自己的观点强行施加给孩子,才造成这样的局面的。

所谓理解万岁,每个孩子都渴望得到成人的理解,渴望妈妈不仅

能照料自己的日常起居，而且能理解自己的想法和行为。现实生活中不少孩子的逆反就是由于得不到妈妈的理解而造成的。一个好的倾听者往往比一个雄辩的批评家更能有效地解决孩子的逆反问题。在充分了解了孩子所思所想之后，妈妈可以对孩子的一些不正确的想法和判断进行修正，可以明确地指出他的哪些想法和判断是不对的，是妈妈不能同意和接受的，但在否定孩子的同时，妈妈也有必要表达出对他的充分理解。孩子如果感觉妈妈态度是和蔼可亲的，是能够理解自己的，是能够设身处地为自己着想的，他自然也会乐于接受妈妈的意见，而不会再与妈妈对着干了。

5. 给孩子树立好的榜样。

有些妈妈没有给孩子做好表率，夫妻之间不能和睦相处，在家里经常口角不断，遇到事情不懂得协商解决，不会控制自己的情绪，经常为了一点点小事而争得面红耳赤，无休止地大吵大闹。孩子眼里平时对大人的这些做法看多了，他就自然会受到影响，自然就会跟着大人学，久而久之便形成了逆反的习惯。因此，为了使小学孩子更服管教，做妈妈的必须首先检查一下自己的行为，看看自己是否给孩子树立了好的榜样，是否给孩子营造了良好的家庭氛围，要求孩子做到的妈妈自己有没有做到。

第 25 件事　帮孩子走出孤独的阴影

孤独是指人的社会交往动机、合群行为得不到满足时所产生的内心体验。有的妈妈对于孩子保护过度，从小就将孩子封闭在"象牙塔中"，使他们与外界隔离，虽然可以起到很好的防护作用，可以避免外界"病毒"的侵扰，但是同时也过滤掉了很多孩子成长过程中所需要的"养分"。这类孩子最容易体验到孤独的情绪，没有人和他们一起分享成长的喜悦和成长的烦恼。

孤独让孩子失去了友谊的温暖，感受不到融入集体的快乐与自信。长期独处的孩子性格变得越来越孤僻、冷漠，将来很难融入社会。因此，对孩子的孤独症，如果妈妈不及早进行积极的矫治，将会影响他一生的事业和幸福。

不要因为害羞而独处，不要因为挫折而独处，不要因为怕受骗而独处。唯有敞开心怀对人，才能取得他人的信任。不论生活和学习上遇到什么问题，孤独不可能帮孩子解决，唯有让孩子融入群体之中，孩子才不会害怕。

孙荆山，9岁，上小学三年级。孙荆山小时候，妈妈由于工作原因，将他交给爷爷奶奶抚养，六岁时，他才回到妈妈的身边。孙荆山的父亲忠厚老实、不爱说话；母亲却脾气暴躁，常与邻居、同事发生纠纷，还嫌老公窝囊无能，并常因一些小事向老公和孙荆山发火。孙

荆山也因从小不在妈妈身边生活,从感情和生活习惯上都不太适应他们。

但他更不能忍受的是母亲蛮横粗暴的态度,也不能理解父亲对母亲的听之任之,因而认为在这个家里根本不存在快乐、温暖、友善和亲情。他总是把自己关在属于他的那个小空间里,做完功课便蒙头睡觉。在学校里,看到同学们喜笑颜开的样子,他怎么也高兴不起来。听到同学谈起妈妈的话题,他在羡慕的同时,深深地感到自卑和无奈。

孙荆山木然的表情和拒人于千里之外的冷漠使同学们感到不易接近,纷纷远离他,这更使他觉得孤独无助,认为在这个世界上没有人能理解和接受自己。

他很少与别人说话,即使在集体活动中也会感到孤立无援。时间一长,他无论做什么事都天马行空、独来独往,心中的那份孤独、寂寞和空虚时时刻刻在折磨着他。上课时他注意力集中不起来,学习成绩不断下降,整日心情十分压抑,性格也越来越孤僻、怪异。

孤独封闭是一种很不健康的性格特征,一个人如果长期被孤独感所笼罩,势必严重影响心理健康,心理也会提前老化。正像孙荆山,他长期情绪抑郁、精神委靡、多愁善感、寡言少语,周围的任何事物都引不起他的兴趣和爱好,因而对一切都感到索然无味。除了上学、吃饭、睡觉之外,他再无其他生活内容,缺少情趣和亲情,没有朋友和知己,遇事总感到困难重重,社会适应能力相当低。

心理学研究表明:人们在交往的过程中,会不断地萌发各种社会动机,形成合群、归属的心理需要。当这种需要获得满足时,合群行为和归属感得到强化,就会产生友爱、欢悦的心理体验。相反,当一个人的合群行为和归属感得不到满足时,就会感到孤独、寂寞和忧愁。长期被孤独感困扰的人,内心的感受会固定下来,形成孤僻的性格。

孤僻者被沮丧、消沉、自卑、抑郁、忧愁,甚至仇恨、愤怒等有害情绪所控制，心情烦躁不安，导致人际关系紧张。长期的孤独感还能明显地改变人的生理环境，降低人体免疫力，使人容易感染各种疾病。严重的孤独症患者一旦患病，由于平时离群索居，不与人交往，因而缺少来自别人的关心和安慰，倘若一时想不开，很可能失去战胜病魔的信心，甚至失去继续生活下去的勇气，从而走上轻生的绝路。

● 妈妈应该这样做

面对孤独的孩子，妈妈应该怎样办呢？建议从如下几方面入手：

1. 鼓励孩子多与同学交往。

鱼鱼是个胆小孤僻的孩子，没有一个伙伴，在学校里独来独往，回到家中也不出门，周末的时候，常常一个人在家里看电视。妈妈见鱼鱼这样，很是担心，就鼓励鱼鱼试着跟同学多交往。开始的时候，鱼鱼总是害怕，还因为不善于交流，跟同学闹了很多矛盾。但是妈妈总是鼓励和帮助鱼鱼。渐渐地，鱼鱼有信心了，也交到了几个好朋友。

尽量使孩子和同学在一起，共同探讨学习，切磋人生，通过广泛的交往寻觅知音。有些孩子虽然身边常常朋友成群，但是真正能与其分享快乐和忧愁的却没有几个，所以也会感到孤独。因此，培根说："没有真挚朋友的人，是真正孤独的人。"有了知心朋友，小学孩子彼此之间就能相互信任、相互理解，高兴时有人分享快乐，悲伤时有人分享苦闷，感情有所寄托，就不会感到孤独了。

2. 培养孩子广泛的兴趣和爱好。

五年级的常浩，以前是个孤僻的孩子，但是现在他的朋友很多。在二年级的时候，妈妈看到别的孩子三五成群地在一起谈论某个话题，而常浩什么都不懂，只是站在旁边傻傻地听别人说，妈妈就决心培养常浩的多种爱好。经过一番努力，妈妈终于培养出了常浩的多种

爱好，而每种爱好都让常浩交到了几个志趣相投的好朋友。

孤独的孩子往往兴趣狭窄，如果兴趣广泛，孩子便能在自己喜欢的有意义的活动中寻找乐趣，充实生活，当一种活动不能满足孩子自己的需要时，还可以进行另一种活动。另外，有共同的兴趣和爱好的人，也容易广泛地交友，这可是治疗孤独的良药。

3. 让孩子正确看待孤独。

有的孩子喜欢嘈杂的环境，总希望有人陪伴在自己的身边，即使是很短暂的孤独也不能忍受。其实，作为正常的心理现象，适当的孤独也没有什么不好，它可以使浮躁的心情平静下来，也可以使模糊的思想变得清晰起来。妈妈要让孩子把孤独看做是生活中不可缺少的要素，设法去战胜它、超越它，那么孩子就会在短暂的孤独中享受到某种欢乐。

第26件事 矫正孩子目空一切的自负心理

自负是指自我评价过高,目中无人,自以为了不起的一种不健康的心理异常现象。和自卑一样,自负也源于不能正确地认识自我,所不同的是,自负的人往往是不切实际地高估自己,只看到自己的长处,而看不到自己的短处,骄傲自大,目中无人。

自负的孩子在无法实现目标时易产生恐惧心理,面对挫折,易心灰意冷。同时还易丧失进取心,增长虚荣心,不利于学业上的进步。在人际交往中,自负的孩子往往盛气凌人,导致他人反感与厌恶,使人际关系恶化,影响孩子的未来。作为妈妈,应正确对待孩子的自负问题,帮助孩子摆脱自负的羁绊,迅速走上健康的成长之路。

郭丽蓉是学校的文艺骨干,从小深受执教于音乐学院的母亲的影响,弹得一手好钢琴,在声乐、舞蹈方面也不错,曾多次代表学校参加文艺演出或比赛并获奖。

郭丽蓉不仅有文艺特长,而且写得一手好文章。但就是这样一个好学生,同学们都不太喜欢她,背地里都叫她"冷美人"。为什么呢?原来除了几个亲密的伙伴外,她不大爱同其他同学讲话。当有同学问她问题时,她总是很轻蔑地说:"这都不会?!"久而久之,也就没人愿意答理她了。

郭丽蓉的家境非常好,打扮入时的她很有优越感,经常挑剔、讥

讽其他同学。一旦别人"窜"到了自己前面,她就会很不屑地说:"有什么了不起!瞧那穷酸样儿。"她也有自己的弱项——体育运动。但她不仅不力求改善,反而认为有体育特长的人都是"头脑简单,四肢发达",并对他们嗤之以鼻。

自负心理,对孩子的健康成长极为不利。妈妈在发现孩子自负的苗头时,应及时地予以教育和引导,告诉孩子自负的危险结果,教会孩子客观地评价和认识自我。盲目地自高自大,只能使自己乐观过头,放弃努力,最后不仅失去了自负的本钱,还可能被人耻笑。

自负的人走到哪里都不受欢迎,因为自负是孤立一个人最快的"方法"。凡是骄傲自大的人,准会到处碰壁。只有学会理性地评价自己,正确地认识自己,才能使自己不断进步,并受到别人的赞许。妈妈一定要教育上小学的孩子做一个充满自信的人,而绝不要当盲目自大的令人讨厌者。

自负与自卑相似,都是源于对自己的不正确认识,所不同的是,自负者是过高地评价自己,他们仿佛通过放大镜来看自己的长处,甚至视缺点为优点,而在看别人的同时,则总是容易贬低他人的优点,夸大对方的不足。

下面是自负孩子的常见表现:

自视过高。自负的孩子往往自视过高。他们很少关心别人,与他人关系疏远。他们时时事事都从自己的利益出发,从不顾及别人,不求于他人时,对他人没有丝毫的热情,似乎人人都应为他服务,结果落得个门庭冷落。

看不起别人。自负的孩子通常看不起别人,总认为自己比别人强很多。他们固执己见,唯我独尊,总是将自己的观点强加于人,在明知别人正确时,也不愿意改变自己的态度或接受别人的观点。总爱抬高自己、贬低别人,把别人看得一无是处。

过度防卫。自负的孩子经常过度防卫，有明显的妒忌心。他们有很强的自尊心，当别人取得一些成绩时，其妒忌之心油然而生，极力去打击别人，排斥别人。当别人失败时，又幸灾乐祸，不向别人提供任何有益的信息。同时，在别人成功时，这种人常用"酸葡萄心理"来维持自己的心理平衡。

好高骛远。自负的孩子往往好高骛远，不切实际。他们为自己制定过高的目标，承担无法完成的任务，容易遭受失败的体验。并且，由于其自我评价往往与外界评价相冲突，他们的情感也不时会受到挫伤。

● 妈妈应该这样做

1. 帮助孩子客观地认识自我。

刘静是个聪明伶俐、讨人喜爱的女孩，从小就生活在这样一个条件优越的环境里。在家里，她是妈妈的掌上明珠，要什么有什么；在学校里，她成绩优秀，是老师心目中的"尖子生"；在同学眼中，由于她长得漂亮，大家还给她起了个响亮的名字——"白雪公主"。良好的家庭环境、妈妈的疼爱、老师和同学的赞誉，再加上自己的天赋，使刘静产生了一种飘飘然的感觉，而且这种感觉一天比一天强烈——我就是比别人优秀，刘静总是这样想。

刘静的妈妈也经常在别人面前夸奖自己的女儿，为有这样一个聪明美丽的女儿而自豪。所有这些都助长了刘静的自满和骄傲的情绪。渐渐地，刘静变了。在家里，她只要稍稍不顺心就对妈妈发脾气；在学校里，刘静更爱表现和炫耀自己，取得好成绩就自鸣得意、沾沾自喜，甚至不把老师的话放在心上；在生活中，她总是拿自己的长处同别人的短处相比，认为自己高人一等，看不起别人。

上述案例中的孩子就是没有客观地认识自我。孩子出现骄傲自大的坏习惯往往是过高地估计了自己，认为自己比谁都强，只看到自己的长处，看不到自己的短处，拿自己的长处比他人的短处。因此，狂妄自大，大都以"自我为中心"，想干什么就干什么，不会设身处地地替别人着想。

另外，孩子的自我认识会受到成人评价的极大影响，这就要求妈妈在进行评价时要客观、全面，不能只看到其优点，更要指出其缺点，万万不可忽视、缩小甚至帮助其掩盖缺点。对优点要表扬，但要适度。要让孩子意识到作为家庭、学校、社会的一员，理应有合格的表现。

妈妈要提醒自负的孩子在归纳原因时要注意实事求是，要认识到老师、妈妈、同学的帮助以及一些客观条件的促进作用，切不可把成功完全归功于自己而沾沾自喜。妈妈还需要规范孩子的行为，督促他改正骄傲自大的坏毛病，告诉孩子在交友中应该怎样做，不应该怎样做，并加以训练和指导，使其养成良好的行为习惯。这样，他才会受到大家的欢迎。

2. 指导孩子学会欣赏他人。

妈妈应指导孩子学会欣赏他人，以促使其树立良好的"理想自我"形象。学会欣赏他人才不会自视过高。对于孩子来说，学会欣赏他人并非易事，但只要在日常生活中稍加注意，从点滴做起，慢慢就会做到，从而克服自负心理，比如学会宽容、学会倾听、尊重与理解他人、关心爱护他人等均有助于孩子克服自负心理。妈妈应教导孩子，不要总是拿自己的长处去对比别人的缺点，甚至挖苦、讽刺别人，而应相互鼓励、共同进步，容许别人出现不足或失误，那么大家就可以友好相处了。妈妈还可以让孩子为同班的每一位同学写出三条优点，并对同学当面给予赞扬。当孩子跳出狭隘的自我圈子，自负心理也就会悄然隐遁。

3. 表扬孩子态度要适度。

龙龙的妈妈赞同"赏识教育",坚信孩子是夸出来的。所以,妈妈连续不断地发掘表扬龙龙的契机,甚至没有机会表扬也要创造条件表扬龙龙。但是,很快妈妈发现龙龙有了"表扬依赖症",凡事龙龙得不到足够的表扬就懒得行动。甚至,妈妈过度的表扬妨碍了龙龙客观地认识自己的能力,导致龙龙高估自己。

有些妈妈望子成龙心切,孩子稍微有点进步就欣喜若狂、赞不绝口,久而久之,必然助长孩子的自满情绪。正确的方法是:在表扬孩子时,高度重视感情的作用,尽量做到"浓淡"适度。有时对孩子轻轻的一个微笑,也会起到许多赞美之词难以起到的作用。并且,妈妈应尽量少在外人面前夸奖孩子,因为小孩子的自我评价能力还很差,看到那么多人肯定自己,会产生错误的认识,认为自己真的多么优秀,从而产生骄傲情绪。

4. 奖励孩子以精神鼓励为主。

其实,一般情况下孩子只要能得到口头表扬,心理上就会得到满足。过多的物质奖励,有时会强化小学孩子产生沾沾自喜、高傲自大、忘乎所以甚至不思进取的心态,要防止他们被夸奖声和赞许的目光所包围,或获得过多的物质奖励而产生畸形的满足感,懒于进取和努力,从而削弱进取意识。

第27件事 预防孩子陷入焦虑的陷阱

焦虑是每个人一生中都难以回避的负面情绪之一，这种情绪是心理应激的正常反应，有利于人类的生存和对危险的回避。但是，如果这种不良情绪持续存在或程度过于强烈，就会对心理和身体产生危害，导致焦虑症。焦虑是孩子常见的心理障碍。过度的焦虑往往会严重影响孩子的身心健康和智力发展，并且容易诱发抑郁、孤僻等心理疾病。因此，妈妈必须了解焦虑的有关知识，及早预防和治疗孩子的焦虑症。

孩子焦虑的产生与妈妈过高的要求密切相关。大多数孩子面临考试都会产生焦虑的情绪，如果得不到及时的调整，不仅使他们无法正常发挥，而且易对自己产生怀疑，甚至丧失信心。因此一定要引导孩子学会放松，缓解紧张和焦虑。最重要的是不要给孩子施加过多的压力。竞争可能让孩子过度焦虑，压力可能使孩子情绪紧张，焦虑并不能解决问题，唯有相信自己，提高心理适应能力，打下扎实的学习基础，才能缓解由于紧张引起的焦虑。孩子越是轻装上阵，也就越能真正学好、考好。

清清是一个上五年级的女孩。在学习上，清清的各科成绩都较为理想，但就是怕考数学。为什么呢？因为三年级第一次期中考试她就栽了跟头——数学只考了60多分。从此之后，每次考数学的前几天，清清就吃不下饭，睡不好觉，生怕数学考不好。因此，到了考数学的时候，她就十分紧张，尽管一再告诉自己沉住气静心去答题，可就是紧张得头顶手心都冒汗。

若有一点不顺利，她便觉得耳旁有千军万马一样混乱，种种不好的考试结果让她心惊胆战。每次数学卷子发下来之后，虽然成绩较为理想，但考试时的状态实在不好。其实，刚上学的时候，清清的数学一直名列前茅，只因为那次期中考试的失误，就变得如现在这样，一考数学就紧张害怕。妈妈告诉她不必这样压抑，而应适当放松，但就是不管用。

后来，清清的妈妈带她去看了心理医生，心理医生听了清清的叙述，告诉她说这是一种反射性心理异常，通常被称为焦虑症。对于清清的情况，医生建议清清的妈妈平时多对清清进行针对性的训练。比如，自己设计几张数学试卷，星期天就让清清像真正的考试那样考一下，考试的时候，尽量模拟学校考试的各种氛围。

后来，在老师的配合下，清清班上几个朋友一同参加了对清清考数学紧张的矫正训练。一段时间之后，她终于不再害怕考数学了。

焦虑是上小学的孩子较常见的一种情绪障碍，总是和精神打击以及将来的、可能的威胁或危险相联系，在主观上感到恐惧、烦躁、担心、紧张、不愉快，甚至痛苦等，严重的时候还会伴有一定的生理反应。不过，通常情况下，多数人的焦虑体验是暂时的，具有一定的防御作用，并不会对个体产生太大的影响。但是当焦虑变得很严重并已逐渐影响孩子的日常生活时，妈妈就应予以注意了。焦虑的孩子对紧张的压力异常敏感，他们不善于用语言及情感发泄来表达内心的焦虑情绪。有强烈焦虑体验的孩子，对外界事物比一般孩子敏感、多虑。他们常是一些温顺、老实、守纪律的孩子，对自己缺乏自信心。他们在妈妈心中是乖孩子，也受到父母宠爱。平时他

们克制自己的能力较强，对待事物认真、负责。但是容易表现得过分紧张，特别是对于陌生环境、陌生事物，更容易表现出焦虑反应，甚至惶恐不安。有的孩子对学习过度紧张，害怕考试成绩不好；有的到了新的学校，担心与同学处不好关系；有的还因为自己的缺点，怕受到老师的批评，不敢去上学，等等。

● **妈妈应该这样做**

妈妈该如何帮助上小学的孩子预防和治疗焦虑症呢？

1. 妈妈需要自我反省。

孩子如果容易紧张、焦虑，妈妈需要自我反省：和孩子之间是否存在亲子关系不良？和孩子的沟通怎么样？对孩子有没有过多地批评和指责？在教育理念和方法、技巧上需要做哪些调整和改变？如果妈妈自身难以调整，就应该寻求专业人士的帮助。

2. 营造宽松的家庭环境。

感到"无法承受压力"，三名邯郸小学男生离家出走。一名出走的学生在给父母的信中写道："妈妈，我早已无法承受家庭与学校给我的压力，所以我选择离开。"另两名男生在信里也表达了同样的意思。一名学生给家里留言说："无法承受家庭与学校给我的压力。"另一名学生则给妈妈打电话说："妈妈，请给我宽松的家庭环境。"

要防止孩子过度的焦虑，作为妈妈应尽量给孩子一个宽松的环境，切不可动辄就施高压搞处罚。妈妈有责任提高自己对孩子的管理、教育能力，及时发现和解决孩子产生的问题。平时，要尽量每天抽出几分钟时间与孩子交心，一方面拉近妈妈与孩子的距离，另一方面增进感情。要把孩子培养成自信、豁达、活泼、开朗的人，而要做到这一点，家庭环境一定要整洁、有条理；家庭成员之间要和睦、民主，有意营造一个良好的生活环境和家庭氛围，这是让孩子远离焦虑、实现健康成长的一个重要条件。

3. 敦促孩子加强体育锻炼。

体育运动可以促进大脑内啡肽的分泌，增加愉悦感，另外，可以促进血液循环，增加大脑的血氧含量，消除大脑疲劳。游泳、打羽毛球、踢足球、打篮球、跳绳均可。体育锻炼可以消除紧张和疲劳，提高对紧张情境的心理承受能力，增强意志力。

4. 对孩子不能过分要求。

依依是个快乐的孩子。她的妈妈提倡"让孩子自由成长"，从来不对她有过分的要求。考试成绩即使十分糟糕，妈妈也不会骂她。有时候，依依犯了错误，妈妈也不会指责她。妈妈说："只要你一生快乐就行了，妈妈别无所求。"妈妈的话很让依依感动，因此，依依做什么都十分努力。

现在的孩子尤其是独生子女，担负着好几代人的希望。妈妈难免会对孩子提出这样那样的要求，但是一旦要求失当，就会对孩子产生不良影响，所以，妈妈一定要注意提出的要求要顺应孩子的生理和心理的成长。一方面不能溺爱孩子，不要老是采用抚育婴儿的那种包办、监护的方式来对待孩子。同时，要尊重孩子，不能苛求孩子，当孩子未达到要求时，千万不要嘲讽挖苦，或者板着脸不搭理，这样会使孩子感到压抑，或是出于逆反心理而对抗，从而加重孩子的焦虑。妈妈应给孩子一定的自主权利，与孩子谈话时应平等商讨，如果孩子脾气倔犟，也要耐心教育，不要用命令、训斥的口气，甚至采用粗暴和强制的方法，须知任何与孩子心理和生理不适应的行为和方式都是错误的，都是有害的。

5. 恰当地开导孩子，并通过运动调节情绪。

当孩子对某事表现出过度的焦虑时，妈妈要引导孩子讲出自己

所担忧的事情，对孩子的痛苦表示同情，并尽量消除孩子的顾虑，帮助孩子控制不安和失败的情绪。由于焦虑往往是和紧张的气氛相联系的，所以可以经常带孩子进行户外活动，或让孩子参加体育锻炼，这都有益于保持乐观的情绪，消除焦虑的不良影响。任何恰当的指导，对孩子消除焦虑都是有益的。

第四章

提升素质能力，
为孩子明天的成功作准备

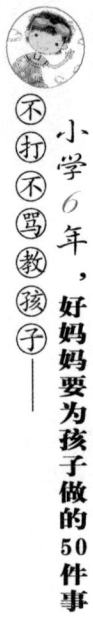

第28件事 从小开始培养孩子的情商

"情商",又称"情感智力",主要指人类了解、控制自我情绪,理解、疏导他人情绪,通过情绪的自我调节、控制以提高生存质量和决定人生未来的关键性的品质要素。

美国一家很有名的研究机构调查了188个公司,测试了每个公司高级主管的智商和情商,并将每位主管的测试结果和该主管在工作上的表现相联系,经过分析发现,对领导者来说,情商的影响力是智商的9倍。智商略逊的人如果拥有更高的情商指数,也一样能成功。据有关资料显示,一个人一生有多大的成就,20%取决于智商,80%取决于情商。心理学研究还发现,如果一个情商比较高的孩子,他的智商一定能得到充分发挥。但对于情商比较低的孩子,直接会影响到智商的发挥。

孩子的情商,应从小就开始培养。

袁小枚是学校里有名的"情绪化"孩子,捣乱课堂、拖欠作业是常事。无论老师和妈妈怎么说教,袁小枚始终改不了情绪化的任性。

袁小枚是在爷爷、奶奶、爸爸、妈妈的精心呵护下长大的,现在已经8岁了。在家里,袁小枚是爷爷奶奶的心肝宝贝,他们不让袁小枚受一点儿委屈。在爷爷奶奶的心目中,孙女做什么事都是正确的,提出的任何要求都是合理的。

有时,袁小枚犯了错,妈妈会批评她,可爷爷奶奶却护着她,总说："小孩子知道什么？长大了就懂事了。"有了爷爷奶奶的庇护，袁小枚越来越爱乱发脾气。在家里，妈妈不会计较孩子的蛮横无理。但在学校里，小朋友们都是平等的，袁小枚再这样乱发脾气就不行了。袁小枚经常和学校的小朋友发生矛盾，原因就是她做什么事都随心所欲，喜欢干什么就干什么。

乱发脾气的袁小枚认为自己做的事都是对的，在学校里，她连老师的话都不听，总是顶撞老师，老师说她几句，她还委屈地哭，并说："你欺负我，我要回家告诉爷爷。"

有的时候别的小朋友正玩着自己的玩具，她看到了，觉得喜欢，就马上过去抢。人家不给，两人之间就发生冲突。袁小枚过分争强好胜，使她不能与同伴和睦相处，自己被孤立于同伴之外，觉得很生气很伤心。

情商和智商对于一个人来说都一样重要。智商有助于成材，情商有助于成功。我们既要成材，也要成功。不仅要事业成功，还要生活成功，这就是我们所说的人生成功。

美国心理学家认为，情商包括以下几个方面的内容：

认识自身的情绪。因为只有认识自己，才能成为自己生活的主宰。

能妥善处理自己的情绪，即能调控自己的情绪。

自我激励。它能够使自己走出生命中的低谷，重新出发。

认识他人的情绪。这是同他人交往、实现顺利沟通的基础。

人际关系的管理，即领导与管理的能力。

孩子的情绪、性格与妈妈有很大关系。人的个性与先天遗传有关，但国内外专家均指出后天环境的影响更重要，尤其是妈妈以及妈妈所营造的家庭环境。

培养小学孩子良好的情绪，需要妈妈的引导和推动，才能达到理想的效果。世界著名教育家丹尼尔·戈尔曼指出：家庭是培养情商的第一所学校，有高情商的妈妈，才能培养出高情商的小孩。

小学阶段是培养孩子高情商的关键时期。人们情商的形成开始得极早，0岁时，婴儿已经开始感受和学习，进而在整个童年期逐渐形成。孩子脑力的发展在小学阶段是一生中最快的，特别在情感能力的学习方面。

● 妈妈应该这样做

妈妈培养小学孩子的情商应该从如下几方面入手：

1. 要主动捕捉孩子的情绪变化。

文文是个小学五年级的女孩子，某一天回到家里后什么话都不说，只是坐在沙发上默默地流泪。她妈妈看到了，什么也不问，只是轻轻坐在她身边，温柔地揽住女儿的肩膀。过了一会儿，文文微笑着对妈妈说："谢谢妈妈在我身边安慰我，现在我没事了。"

这位妈妈的做法及时、恰当地疏解了孩子的情绪。妈妈应善于捕捉孩子情绪的变化，并抓住时机与孩子进行语言和心灵的沟通。

2. 培养孩子的自尊心。

6岁的蒲松彤有一个爱收集昆虫标本的母亲，妈妈的行为引起了蒲松彤对标本的兴趣。有一天，妈妈在客厅里看见几张摆在外面的标本，有些标本已经破损。妈妈非常生气，就找来蒲松彤问是怎么回事。蒲松彤说他自己拿了妈妈的标本册，打开来看，觉得有些很有意思，就取了出来，结果一不小心给弄坏了。妈妈于是向他解释这些标本都是很珍贵的，一定要很小心地对待它们，不要随便拿出来。但是，后来妈妈还是几次看见标本被丢在外面，于是妈妈就对蒲松彤说："下次如果你想看这些标本的话，一定要经过我的许可，我们一起来看，否则的话，对不起，蒲松彤，不许动它。"妈妈的举动伤害了蒲松彤的自尊，以后，他再也不碰妈妈的标本册了。

要孩子尊重自己,妈妈要先尊重他们。如果孩子有一些令妈妈不满的行为或表现,妈妈也不宜对他作出无情的指责,而是应该耐心地给予他们引导,循循善诱,让他们感受到妈妈还是关心和爱护他们的。不要怕孩子淘气给你添麻烦,而要多考虑怎么做有益于孩子的心理成长。因为孩子的心理健康主要是指其合理的需要和愿望得到满足之后,在情绪和社会化等方面所表现出来的一种良好的心理状态。妈妈应克制自己简单粗暴的教育方式。如果真是不让孩子玩某样东西,应该用转移注意力的方式把孩子的兴趣转移开。

3. 培养孩子的忍耐力。

美国教育专家曾经做过一个实验:选一些智商超常的孩子,给他们一块糖,告诉他们:"现在吃就给一块,如果能忍一小时后再吃,可以再奖励一块。"跟踪调查的结果是能忍耐的孩子成功率大大高于不能忍耐的孩子。

孩子急于喝奶时,不要马上满足他,让他哭一会儿,一边慢慢和他说话,一边拍他的后背,然后再给他吃,忍耐时间逐渐加长,从几秒到几分钟。对每次都把零花钱很快花光的孩子,妈妈可以说:"如果你能忍住一星期不花零花钱,下周可以加倍给你,你可以攒起来买你需要的大东西了。"孩子遇到了困难,妈妈不要马上给他帮助,而是鼓励他坚持一下,忍受挫折带来的不愉快,很快就会成功的。

4. 培养孩子尊重他人的意识。

社会是一个群体,任何一项事情光靠一个人单枪匹马的奋斗是不可能实现的,必须依靠群体的力量,这就要孩子必须学会和不同的人打交道。妈妈必须培养小学孩子与人合作的意识,训练孩子的合作行为,增加孩子的合作能力。这首先要教会孩子尊重他人,并善于团结和自己意见不同的人。

第29件事　完善孩子的人格

爱因斯坦说过:"一个人智力上的成功依赖于人格上的伟大。"妈妈要培养孩子成材,首先要培养孩子健全的人格。这对孩子的成长极为重要。

孩子能否健康地成长,能否成材是妈妈乃至全社会都关心的问题,因为这标志着一个国家教育的成败,关系着一个国家的发展和未来。孩子能否健康成长,和孩子的人格有很大关系。

香港巨富李嘉诚在教育孩子方面很有见地。他非常注意对孩子人格与品性的培养。两个儿子李泽钜和李泽楷长到八九岁时,李嘉诚就让他们参加董事会,不仅让孩子们列席旁听,还允许他们插话"参政议政",主要是学习父亲以诚信取胜的学问。

后来,两个儿子都以优异的成绩从美国斯坦福大学毕业了,想在父亲的公司里施展宏图,干一番事业,但李嘉诚果断地拒绝了,"我的公司不需要你们!还是你们自己去打江山,让实践证明你们是否适合到我公司来任职。"

于是,兄弟俩去了加拿大,一个搞地产开发,一个去了投资银行,他们克服了难以想象的困难,把公司和银行办得有声有色,成了加拿大商界出类拔萃的人物。

李嘉诚的"冷酷无情",把孩子逼上自立、自强之路,陶冶了他们勇敢坚毅、不屈不挠的人格和品性，在这方面，美国总统罗斯福也堪称楷模。

罗斯福十分注重培养孩子们的独立人格。他有句名言："在儿子面前，我不是总统，只是父亲。"他反对孩子们依靠父母过寄生生活。他让孩子们凭自己的本事自食其力。大儿子詹姆斯20岁去欧洲旅行，临行前买了一匹好马而没有路费了，然后打电报向父亲求援。

父亲回电话说："你和你的马游泳回来吧！"儿子只好卖掉了马，作为路费回家。二战打响后，罗斯福的四个儿子都上了前线。父亲病故了，他们还都坚守在自己各自的军舰上，用这种特殊的方式为父亲送行。

人格似乎是一个很学术的名词，而实际上，人格是在日常生活中经常感受到的现象。譬如一个孩子乐观自信，不怕失败，活跃而有创造力，人们会说："这个孩子具有健康的人格。"若一个孩子缺乏安全感，常常自卑，或常主动攻击别人，人们会说："这个孩子可能有人格障碍。"简单地说，每个人的行为、心理都有一些特征，这些特征的总和就是人格。人格的形成是先天的遗传因素和后天的环境、教育因素相互作用的结果。

所以，妈妈应该明白，培养孩子学习很重要，教会孩子做人更重要。妈妈应该把培养孩子健全的人格放在重要位置。正确地爱孩子是培养孩子良好性格的基础。妈妈要恰当地爱孩子，必须将爱与严格统一起来。妈妈在行为品德方面严格要求孩子，从长远来看，有助于他们培养良好的性格。

● 妈妈应该这样做

培养孩子健全的人格，光讲大道理是不够的，重要的是从日常生活中做起。

1. 营造民主和谐的家庭环境。

民主、和谐的家庭气氛有助于培养孩子积极、主动的生活态度，他们能自觉地参与到家庭活动中。尊重、照顾，妈妈对孩子关爱适度、有要求、有疼爱，能够使孩子正确地认识和评价自己，形成自尊、自信等积极的情感。然而，如果家庭环境不和睦、不健康，如家庭成员关系不和，经常吵架，不关心孩子，在这种环境中生活的孩子缺乏安全感，对人不信任，有的甚至会有攻击性行为或暴力倾向。

2. 保护孩子的自尊心。

孩子虽小，但有自己的愿望、要求、兴趣和爱好。妈妈要用商量、引导、激励的语气和孩子交流，要多站在孩子的角度去考虑，而不是将自己的意志强加给孩子。不能因为孩子小就随意斥责或辱骂，特别不要去嘲弄、讽刺孩子。对孩子的一点一滴的进步，妈妈都应及时给予肯定和鼓励，以增加其自信心，保护其自尊心。

3. 培养孩子生活的独立性。

有位母亲问一位教授说："我的孩子现在简直是无法无天了，谁都管不了，这到底是为什么呢？"

教授反问这位母亲："你经常帮孩子叠被子吗？"

母亲说："是的，经常叠。"

教授又问："你也经常给孩子整理房间吗？"

母亲说："对，经常做。"

教授说："原因就在这里了。如果你的孩子拿着杯子歪歪扭扭地走过来，不小心一下把水泼在沙发上，你是否会把孩子赶到一边，然后心疼地去收拾残局呢？孩子早上起来自己穿衣服，结果总是把袖子穿反了，把裤子拧成一团，你是否会因为孩子耽误了时间而大声地禁止孩子，并且动手代劳呢？你是否每天都让孩子自己去洗脸、洗衣服、上下学呢?"

这位母亲听了这些,就默不做声了。

现在的孩子,多数是独生子女,每个孩子都是家中的小太阳,吃、喝、玩的条件都是家中最好的。有的妈妈过度保护,认为孩子只要专心学习就行了,其他的事都由妈妈包办代替,导致孩子"饭来张口,衣来伸手",根本没有生活自理能力,特别是城市里的孩子,娇生惯养的比比皆是。如果让孩子在生活上完全依赖成人,不仅直接影响孩子的健康,也不利于孩子劳动习惯和文明行为的形成。

4. 帮助孩子树立远大的目标。

理想是人格的核心。理想是通过妈妈的启发引导、在孩子的内心逐渐形成的一种自觉追求。妈妈不能代替孩子规定目标、确定理想,并强加给他们。小学孩子单纯而幼稚,他们常常会因为读了一篇令其感动不已的文章而想长大了当作家,因为参观了一次自然博物馆而想当科学家,也可能因为遇到一个可亲可爱的老师,便立志自己长大以后也要当老师,有的想当解放军,有的想当飞行员、明星、运动员。对孩子这些想法不要轻易否定,妈妈要鼓励他们积极向上的雄心壮志,随着年龄的增长,根据不同孩子不同优势的显现,再把他们逐步引向适当的方向。

5. 以身示教,做好孩子的榜样。

印度民族英雄甘地在回忆自己的成长过程时说过:"是妈妈那崇高的宽容态度挽救了我。"原来,甘地从小就爱撒娇,性格也不开朗。他对父母十分顺从,对周围的事物也特别敏感,自尊心很强,一旦被人奚落,马上就会哭鼻子。在学校一挨老师批评,就难过得受不了。

少年时期,由于好奇,他染上了烟瘾,后来发展到偷兄长和家臣的钱买烟抽,而且越陷越深。渐渐地,他觉察到自己偷别人的钱、背

着父母抽烟的行为太可耻了,一想起来,就觉得无脸见人,内心十分痛苦,甚至还想过自杀。

当他终于忍不了痛苦的折磨时,便把自己的整个堕落过程写在了笔记本上,鼓足了勇气,交给了妈妈,渴望得到妈妈的严厉批评、惩罚,以减轻内心的痛苦。妈妈看后,非常生气,心情十分沉重。但是妈妈深爱着孩子,没有指责他,只是伤心地流下了眼泪,久久地凝视着儿子。

甘地看到妈妈痛心的样子,受到了极大的刺激,更加悔恨、内疚、自责,深感对不起妈妈对自己的期望。从此,他痛下决心,彻底地改正了错误,走上了正路。从那以后,他在思想行为上很少出现过失。事隔多年,每当甘地回顾那段经历,总是激动不已,心情久久不能平静。

妈妈是孩子的第一位老师,这是我们每一个人都明白的。如果想让孩子诚实守信用,首先妈妈就不能说话不算数,自己一定要守信用。孩子的撒谎行为往往是从妈妈那里学来的,孩子看到妈妈不诚实的行为没有受到惩罚,就认为自己撒谎也无所谓。因此,妈妈是孩子的榜样,为了下一代的成长,妈妈要意识到自己的责任,做好孩子的第一个老师。

第30件事　塑造独立个性，让孩子自立自强

培养孩子的自立自强精神，等于为孩子未来的成功打下基础。

古人云："人生不如意十有八九。"的确，人的一生不可能一帆风顺，或多或少会遇到挫折、困难。旅途茫茫，靠的是要自己去努力拼搏、奋斗、进取和把握。然而，遗憾的是，随着生活水平的提高，一些妈妈对子女娇生惯养、百依百顺，怕孩子受累受苦，没能培养起孩子的吃苦精神和坚强的意志。

这些处在"温室"里的"幼苗"不知天高地厚，不了解人情世事，没有学会自立自强，只会大手大脚地花着父母亲的血汗钱，毫不吝惜。如此不自立自强者，一旦脱离"温室"怎能经得起人生风雨的考验，怎能克服前进中的困难与挫折呢？当然更谈不上如何振兴家业，为国家为社会做贡献了。

自立自强是事业成功的支柱，也是人生的坐标。依赖别人者，心无进取，学无长进，得过且过，碌碌无为，一旦面对挫折与困难，便束手无策；而自立自强者，能够正视弱点，刻苦拼搏，使人生的道路越走越顺畅。

现实生活中，许多妈妈过分地照顾甚至溺爱自己的孩子，其实，这是对孩子自尊心的一种伤害。这些妈妈只是把孩子视做自身的一个附属物，而没有把孩子看做人格上完全独立的一个人。

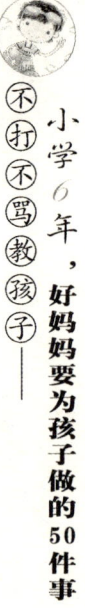

如果把成功比做大厦，那么顽强的意志、坚韧不拔的毅力，就是撑起成功的柱石。只有自尊自强的人，才可能有坚强的意志和毅力，才可能取得成功。因此，妈妈要从小就培养孩子面对挑战、克服困难、坚韧不拔的顽强毅力，培养孩子的自强意识。

培养孩子的自立自强需要耐心、时间和物质牺牲。孩子具备了自立的能力，不但给家庭生活带来极大的乐趣，而且对孩子的成长都是十分有益的。

● **妈妈应该这样做**

怎样帮助小学孩子提高自立能力呢？具体来说，妈妈应该做好以下几件事：

1. 让孩子学会独立思考问题和解决问题。

孩子在成长过程中会遇到这样或那样的问题，作为妈妈，应该多给孩子自己思考和解决问题的空间。孩子也许不能正确地思考和解决问题，但是这种过程是很重要的。妈妈在这个过程中需要做的是鼓励孩子的这种行为，引导孩子更好地独立思考和解决问题，而不是去关心孩子答案的对错。

2. 给孩子提供独立活动的机会、环境和场所。

学校手工课老师布置任务，要求恒恒用橡皮泥做个汽车模型。妈妈说："我不动手参与，也不给你提任何意见，你自己来做，行不行?"恒恒点头同意了。在做的过程中，恒恒遇到很多困难。他特别想找妈妈帮忙，但是想到自己已经答应了妈妈要自己做，就又硬着头皮做下去。直到晚上模型才做好，虽然很不像样，却是恒恒第一次自己做的模型。看着那个歪歪扭扭的模型，恒恒幸福地笑了。

机会能锻炼人，必须为孩子提供一个独立活动的机会，创造一个独立活动的环境，让他们用自己的一双小手去干力所能及的事情，用自己的智慧去解决一些问题。妈妈可交给他们一些与他们年龄相适应的事情做，同时鼓励孩子做他喜欢的事情。妈妈还应适时地给予指导和鼓励，提高孩子的自信心，增强孩子的独立性，让他们主动地发展自己的能力。

3. 让孩子从力所能及的事情做起。

自立自强是一个渐进的过程。一个人不可能刚生下来就能自立，因此要培养小学孩子的自立自强品质，首先要让孩子做自己力所能及的事情。比如，让孩子扫扫地、自己学着穿衣服，等等。这些小事情，在成年人看来是一些微不足道的事情，但是对孩子而言，却是一次很好的锻炼机会。

4. 锻炼孩子独立的人格。

有的孩子不论做什么事情都需要大人陪着，就是和小朋友在一起玩，也不要大人离开。孩子在一起玩，难免会发生争执，就会大哭大闹。如抢玩具，作为妈妈不应指责训斥，更不应该哄着对方给哭闹的孩子以让步，而应给予孩子正确的引导，让孩子学会用语言交流，以达成和解。

5. 培养孩子承受失败的心理能力。

雄雄性格有点内向，跟同学总是搞不好关系。最近，班上新转来一个叫洛洛的孩子。雄雄特别想和洛洛做朋友，所以想邀请洛洛看他新买的漫画书。但是，雄雄不知道洛洛是否对他的漫画书感兴趣。他把心事告诉了妈妈。妈妈说："你可以试试，但是要做好洛洛不领情的准备。""嗯。"雄雄点了点头。第二天放学后，雄雄回来了。告诉妈妈："洛洛果然不爱看我的漫画书。"妈妈安慰雄雄。雄雄说："妈妈，没关系，我昨天已经做好心理准备了，所以，我并不难过。我已

经知道洛洛爱玩奥特曼了,明天我会再次邀请他玩我的奥特曼。"

妈妈应该为孩子努力地朝着独立性方向发展做充分的准备。如果孩子做得不好,要帮助他们找出原因,再次试验,千万不要骂孩子,要安慰他,要有耐心。当孩子取得成功时,要加以表扬。不要挫伤孩子的积极性,不要强迫孩子做事,妈妈应避免不停地指挥孩子、过分唠叨,否则,会削弱其的独立性。

陶行知先生说过,自立能力必须在孩子时期就开始培养。这一时期孩子的可塑性最大,且容易接受新的好的东西,错过了便难再找回来。一个大孩子连一个蛋也不会剥的悲剧不能再重演了。所以,从小培养孩子的自立自强是迫在眉睫的事情。

第31件事　让孩子学会自律自制

自制力是能够控制自己、支配自己并自觉调节自己行为的能力。它表现为既善于促使自己去完成应当完成的任务，又善于抑制自己的不良行为。对孩子自制能力的培养对于他们今后走入社会具有重要的意义。

有自制力的人有很强的独立性，有自己的主见，不容易受到外界因素的左右。一个人要想有所成就，就需要具备较强的自制力。自制力的形成并不是孩子自己的事，妈妈要从小对孩子进行正确的教育。

许多妈妈常为孩子没有自制力而烦恼不已。确实，孩子自制力差不但会影响到他的生活、学习，而且还会影响到其今后的发展。

吕鸣斐是一名四年级的学生，学习很紧张，但每天做功课时，她都管不住自己。刚开始的几道题她还认认真真地做，但没过半小时，她就坐不住了，一会儿起身去喝水，一会儿去吃东西，一会儿又上厕所，反正她总有理由不写作业。

吕鸣斐不光在做作业这件事上没有自制力，在其他方面也这样：跳舞可以说是她喜欢的事，但当老师教完一段后，她练习起来从来不会超过3遍，对动作的要求也是马马虎虎。因为这个，她总挨老师批评。吕鸣斐自己也觉得很苦恼。她感到现在面临升学考试，这种状态根本不可能取得好成绩，想管住自己却做不到，好像总有一种无形的

力量支配她放弃自己正在做的事。那么，吕鸣斐自制力差的这种坏习惯是如何养成的呢？

原来，吕鸣斐是家中的独生女，妈妈把全部希望都寄托在她的身上，从很小开始，妈妈就对吕鸣斐进行了早期教育。先是弹琴，后是画画、念英语、算算术。看到女儿这样辛苦，妈妈很心疼，在吕鸣斐学习的时候，经常会送去零食什么的。小孩子禁不住诱惑，于是，时间一长，形成了习惯，没有零食就不能把事做下去。

吕鸣斐做事的时间不能长，并且总是坐不住，注意力不集中，不能安心学习，所以学习成绩总是不理想。每当考试成绩出来时，她看到自己的分数都会很伤心，有时甚至会大哭一场，暗下决心一定要认真学习，但几天之后，她就会把自己的痛苦抛于脑后，还是控制不住自己。

上面案例中孩子身上出现的问题，是现在许多小孩普遍存在的问题。

现在的独生子女缺乏自制力是一种普遍的现象。妈妈总以为自制力可以由孩子的主观意识来控制，上小学的孩子之所以在关键时刻没能管住自己，完全是他们"不愿意"和"不使劲儿管"的原因造成的。其实，这冤枉了很多孩子。孩子自制力差有许多原因，如外部世界诱惑太多，或早年未形成有始有终的良好习惯、缺乏人生理想和奋斗精神，以及生理因素等。

其实，小学孩子自制力差，妈妈具有不可推卸的责任。有的妈妈看到孩子辛苦一点儿就承受不了，总是嘘寒问暖，导致孩子不能专心地做一件事；有的妈妈忙于工作，无暇顾及孩子，难得和孩子在一起玩耍和说话，长期的紧张气氛，使孩子不能心平气和地去做事，总是疲于应付新变化。

● 妈妈应该这样做

小学孩子自制力差的坏习惯是多种因素长时间累积的结果，所以纠正孩子的这种坏习惯也需要长期的过程。建议妈妈做到以下几点：

1. **从小培养并及时督促。**

从孩子能理解大人的话时开始，就注意帮助孩子逐步学会正确评价和判别自己行为的适宜度，即让孩子慢慢明白，什么是应该做的，什么是不该做的。一般来说，孩子比较小时，自制力的培养主要是生活习惯上的问题，如规定孩子有规律地生活作息，让孩子按时就寝、准时起床、按时吃饭、按时做作业及游戏、按时完成妈妈指定的家务等。开始时可能会有些困难，但时间长了，孩子就会在妈妈的督促下学会控制自己、约束自己，并养成习惯。

2. **减少干扰因素的影响。**

安安在写作业，可是妈妈在旁边看电视。安安写两个字，就伸长脖子看电视。妈妈见安安看电视，就数落安安："你这个孩子，怎么就不能安心做作业呢？"安安一声不吭，觉得很委屈。这时候，邻居来串门，见了这情形说妈妈："你老是看电视，干扰孩子做作业啊！怎么能怪孩子呢？"妈妈的脸红了，并立即关了电视。

当孩子安心做一件事时，妈妈不应随意打断他。但在完成一小部分学习内容后，可以让孩子休息一会儿，吃点好吃的，玩玩小玩具，听听歌曲，做做操，以此来作为孩子完成一项阶段性任务的奖励，不至于使孩子感觉学习太乏味。

3. **使孩子集中精力干一件事。**

妈妈要注意孩子做事时的表现，当孩子做事不彻底时，要鼓励他把事情做完。不管是在孩子玩积木还是画画时，都不要把所有的玩具

和用具一股脑儿摊在孩子面前，以免分散孩子的注意力。

4. 适当制定一些行为规则。

念念是个小学三年级的男孩，特别贪玩，总是把身上搞得脏兮兮的。妈妈刚给他换上新衣服，转眼就又弄脏了。而且，念念饭前便后总是不洗手。为了改正念念不讲卫生的习惯，妈妈给念念制定了十条讲卫生的规则，要求念念遵守。经过一段时间的实施，念念变成了一个干净卫生的好孩子。

妈妈可为孩子制定一些卫生习惯、劳动习惯、家规等行为准则，并利用校规作为孩子行为的约束，也会收到良好的效果。必须注意的是，这种行为准则不能过度或过于详细，否则会损害孩子的独立性。孩子过于"听话"，不利于他的成长，这样孩子往往缺乏创造性和开拓性。妈妈只要抓住主要问题就可以了，待孩子慢慢长大些，再注重社会道德规范和社会责任等方面的教育。

5. 妈妈要有足够的耐心。

当孩子出现缺乏自制力的行为时，妈妈一定要冷静，要耐心说服，同时妈妈也要反省一下自己的教育方法是否得当，是否采取了令孩子心悦诚服的态度和方法，并检查一下是否有些规定过头了，过于束缚了孩子，等等。只要妈妈不粗暴地对待孩子，而采取生动活泼、寓意深刻的故事耐心说服孩子，孩子是会逐渐改变一些不良习惯的，并逐步成为一个具有较强自制力的人。

第32件事　发现和培养孩子的特长

俗话说："尺有所长，寸有所短。"人的智能发展是不均衡的，各有其强项和弱点，也就是说每个人都在某个方面具有自己的特长。松下幸之助曾说，人生成功的诀窍在于经营自己的个性和长处，经营长处能使自己的人生增值，否则，必将使自己的人生贬值。人只有发现了自己的特长之处，找到自己智能的最佳点，才能使潜力得到充分的发挥，才能获得事业的成功。幸运之神是垂青于忠于自己个性和长处的人的。

追踪调查表明：一个孩子所取得的某项突出成绩，往往与他的特长有着密切联系，特长的灵感常常促使一个人在工作上获得重大突破，因此，妈妈在促使小学孩子全面发展的同时，还要注意孩子特长的培养和发展。而那种强令孩子放弃自己的兴趣爱好、只埋头读书的做法是极其错误的。

上世纪90年代出现在我国乐坛上的童星徐唱，就是一个培养特长的成功例子。1992年，才7岁的徐唱已出版个人录音专辑4盘，为《编辑部的故事》等5部电视连续剧配唱，成了一名颇受欢迎的小歌手。徐唱的父亲是我国著名的作曲家徐沛东，其实，徐沛东最初也没有想过要让女儿成为一个儿童歌唱家，成为一颗小童星。徐沛东在进录音棚时喜欢带着宝贝女儿，久而久之，小徐唱看到叔叔、阿姨唱歌，

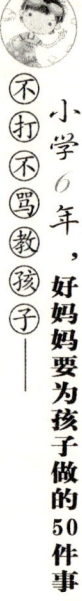

她也抢话筒要唱。开始徐沛东觉得这是小孩瞎闹，没有放在心上，也不许小徐唱影响工作。但有一次录完音，实在磨不过，就让徐唱唱了一首歌，一听还真是那么回事。在场的专家说，她对唱歌很敏感，懂得调整，还很会用气。通过这一次试唱，徐沛东认识到了女儿的特长所在，也认识到了女儿的兴趣所向，开始着意地培养小徐唱在声乐方面的才能。长时间环境的熏陶，加上徐唱从前在音乐方面的素养，很快，她就成为了一名家喻户晓的小歌星。

因遗传因素、环境因素和所受教育的不同，孩子们才能各异，有的想象丰富，有的逻辑思维能力强，有的喜欢歌舞，有的爱好体育运动……作为妈妈应了解孩子的情况，只要他的爱好是积极健康的，就应该支持，保证其锻炼时间和必要的物质条件，不断了解孩子的活动情况，注意发展的目标和方向。有能力的妈妈还应对孩子的爱好给予必要的指导，如：孩子爱弹琴，妈妈就买来电子琴指导孩子弹奏；孩子爱运动，做妈妈的应经常陪孩子一起锻炼……这些都是把孩子的兴趣爱好发展为特长的重要手段。

明智的妈妈应该积极地发现和培养孩子的特长，但培养孩子的特长不能盲目，也需要使用科学的方法，才能收到良好的效果。

● 妈妈应该这样做

作为妈妈，该怎样帮助孩子发展特长呢？

1. 及早发现，及早培养。

傅聪是当今世界著名的音乐家、钢琴大师，他的琴艺获得了世界大奖，并为华人争得了荣誉。傅聪的父亲傅雷是我国著名的学者。傅雷正是在傅聪小时候，发现了他对音乐特殊的兴趣以及特别的反应，对他着意培养，才造就了这样一个世界级的大师。傅雷在自己的文章中写道:"傅聪3岁至4岁之间,站在小凳上,头刚好伸到和我的书桌一样高的时候,就爱听古典音乐。只要收音机或唱机上放送西洋乐曲,不论是声乐还是器乐,也不论是哪一派的作品,他都安安静静地听着,时间久了也不会吵闹或者打瞌睡。我看了心想:"不管他将来学哪一科,能有一个艺术园地耕种,他将来一辈子都受用不尽。"我是存了这种心,才在他7岁半进小学四年级的秋天,让他开始学钢琴的。"

孩子的特长往往在很小的时候,就开始有了萌芽。细心的妈妈一定要注意观察,只有及早发现他特长的萌芽,才能对孩子及早开始特长的定向培养。

2. 鼓励孩子,树立自信心。

每个孩子的情况各不相同,起步年龄、性格倾向、理解力、家庭影响、环境因素等,都会因人而异,不同阶段造成了学习的进度、质量的不同。如果妈妈动辄大声训斥孩子,挫伤孩子幼小的自尊心,无形中就给予了孩子极大的压力,甚至使孩子怀疑自己很笨,而没有信心去学习。此时,妈妈应鼓励孩子,将某些道理反复、深入、细致地讲给孩子听,只有鼓励孩子坚持不懈,问题才能逐步得到解决。

孩子都有表现自己的欲望,希望引起别人的注意,妈妈要鼓励小学孩子参加各种活动,争取得到表现的机会,这样既锻炼了孩子上台表演的能力,又培养了自信心,满足了孩子的表现欲望。

3. 关心孩子,循循善诱。

意大利科学家伽利略是欧洲中世纪科坛巨匠之一。这位科学天才没有被埋没在修道院里,全靠其父凡山佐及时认识到他的天赋并对他进行了及时的引导。凡山佐靠开一片店铺维持生计,他希望儿子成为医生。在科学和教育是神学奴仆的时代,许多学校设在修道院。准备读大学的伽利略沉浸在其间,不能自拔,他甚至决定要当一名修道士,

将一生贡献给宗教。凡山佐断定这不是合乎伽利略性格的选择。一个自幼对任何事物都喜欢问"为什么"的人，很有可能在科学上有所成就。被父亲借故带回家的伽利略接受了父亲的忠告，不久便上了大学，走上献身科学的道路。他的聪明才智，化作了闪烁于世界科技史的闪亮的星光。

许多妈妈让孩子参加特长培养，往往出发点是好的，却没有考虑到孩子的心态，也不管孩子是否喜欢，在孩子学习时要求过高，这就使孩子学习时不用功，注意力不集中，一会儿要喝水，一会儿要上厕所，这些行为让妈妈感到很烦恼，于是有的妈妈就大声训斥孩子，甚至还动手打孩子，这样做只会适得其反，使孩子产生厌学的心理。个别孩子还会对所学习的内容由反感到厌恶，甚至发展到仇恨。

因此，妈妈一定要引导好上小学的孩子，想办法将枯燥的学习内容形象化，以提高他们的兴趣。孩子的情感极不稳定，而且极易受客观环境所影响，妈妈要关心孩子，注意耐心诱导，不要粗暴地对待孩子，要用动情的语言及良好的行为方式去打开孩子的心扉，去激励孩子，唤起他们对学习的追求。

4. 选择合适的教师。

很多妈妈都希望找到一位好老师，好的标准各持所见，一些妈妈认为教学水平高的即可，一些妈妈认为要有耐心的老师才行。如果孩子已经上学，最好就找一个会启发、激励、正确引导孩子的老师；对于一个已经具备一定能力的孩子来说，最好能跟一个有经验的老师学习，这对孩子特长的发展会非常有利。

第 33 件事　扬起孩子人生理想的风帆

理想就是人生的奋斗目标，是对未来生活的追求，是对未来社会的向往。理想是一个人在学习、生活、事业中，所追求的最长远、最高的目标，它是从人们所受的教育、学习、生活实践过程中逐渐形成的。

理想对一个人的成长及发展意义重大，托尔斯泰说过："理想是指路明灯，没有理想就没有坚定的方向，而没有方向，就没有正确的生活。"话说得既简单明了，又富有哲理。理想是信念，是希望，是向往，是追求。是人们对未来的向往和追求，是一个人的精神支柱。我国历史上就有很多名人少年立志进而终成大器的故事。

作为妈妈，要爱护孩子那天真、纯洁的向往未来的美好理想，并促使子女为了理想而努力奋斗。孩子有了理想就会朝着既定的方向迈进，就会在事业上创造出成绩。而且孩子追求的目标越高，他的才能发展得就越快，对社会就越有益。反之，孩子如果没有理想，就会失去前进的方向和动力，可能就会浑浑噩噩地混日子。对孩子进行人生理想教育，是家庭教育中的一项重要内容，妈妈应注意做好这方面的工作，着力培养孩子的人生理想，帮助、支持孩子实现自己的人生追求。

● 妈妈应该这样做

作为妈妈应该引导孩子，根据自身的特长爱好和社会的需要，树立自己的理想。

1. 及时向孩子提出理想要求。

教育孩子的目的，就是开发他们的智力，培养他们成材，然后服务于社会，为社会创造财富。为此，必须适时对孩子提出理想方面的要求。

作为妈妈，在向孩子提出理想要求时，要由浅入深，分层次进行，不能期望太高。比如，小学高年级的孩子已积累了一定的文化知识，个性逐步得到发展，兴趣爱好也已产生，这时妈妈应该从他们的爱好和感受出发，多考虑其个性的发展，帮助他们树立带有职业性质的理想。

2. 依据孩子的兴趣爱好帮助其树立理想。

三年级的洋洋学习围棋已经一年了。这期间走的路从好奇到厌倦，再到痴迷。现在的洋洋对于围棋已经到了废寝忘食的地步。每周雷打不动要上两次两个半小时的围棋课。在家的时候，捧着围棋书可以一动不动坐上几个小时。围棋老师也非常喜爱这个小弟子，认为他具备学棋的基本素质，甚至还主动提议免费为洋洋每周多加一次课。妈妈见洋洋如此痴迷围棋，便找了很多围棋大师的传记给洋洋看，并趁机引导洋洋树立这方面的理想。洋洋现在的志向是成为一名职业棋手。

妈妈要了解孩子的实际情况，对于孩子的兴趣爱好，只要是正当的都应该予以鼓励和支持，并且要善于因势利导，根据孩子的兴趣爱好和特长，有意识地激发孩子理想的火花。当兴趣爱好和志向一致时就会形成孩子的终生奋斗目标——理想。妈妈们切忌人云亦云，以免走入一手包办、什么热门就把孩子往什么路上赶的误区。

3. 重视理想的个体差异。

小学孩子理想的发展水平，也存在着个别差异。如果孩子有了崇高的理想并在为之奋斗，那么妈妈应以鼓励为主，并积极帮助孩子解决在实现理想过程中遇到的困难。如果孩子的理想好高骛远、不切实际，那就应多同孩子谈谈这种不能实现的理想的害处，教育孩子既要树立远大的理想，又要把远大的理想建立在现实的基础上，以培养孩子正确的理想观和人生观。

4. 妈妈要收敛消极言行。

斌斌的妈妈希望斌斌以后能成为有出息的人，从小就要求斌斌树立当科学家的理想。在妈妈的影响下，斌斌也对科学方面很感兴趣。但是，妈妈却是个"小气"的人，每当斌斌要钱要买科普书籍或者仪器做实验时，妈妈总是磨磨蹭蹭不肯给斌斌钱。有时候还会嘟嘟囔囔说："当科学家哪里有做商人实惠啊？"这时候，斌斌就会反驳妈妈说："在我追求理想的道路上，你总是拖我的后退，那怎么能行呢？"

帮小学孩子立志的同时，妈妈还要引导孩子脚踏实地作出自己的努力。如果妈妈胸无大志、目光短浅，就很难使孩子树立远大理想。有的妈妈从眼前利益出发，把能赚钱作为奋斗的目标和有本事的标准；有的妈妈甚至公开向孩子灌输"金钱万能"的思想，甘心情愿让孩子弃学经商。对于上小学的孩子来说，从小刻下了这样的思想烙印，很难在成材的道路上有所作为。所以，为了孩子的将来，妈妈应当把自己的眼光放得远一些，对自己的消极言行应当收敛。

第34件事　朋友无价，教孩子学会选择益友

古人云："人生得一知己足矣。"朋友，是人生的财富，需要珍惜。有的人虽然穷困，可过得快乐，因为他的生活中有朋友的关怀；有的人虽然富有却过得寂寞，因为他没有真正的朋友相伴。

孔子把朋友划分为损友和益友："有直，友谅，友多闻，益也。友便辟，友善柔，友便佞，损也。"正直、宽容和知识渊博的朋友被定义为益友，而脾气暴躁、优柔寡断和心术不正的朋友则被定义为损友。俗话说："近朱者赤，近墨者黑。"当孩子结交小伙伴时，教会孩子如何选择益友就会大有裨益。

翻开古今中外的历史，查看人才成功的史册，许许多多的人才都是在朋友的影响、劝导、帮助和合作下取得成功的：德国的李比希因为得到一位志趣相投、目标相似的朋友韦博而走上化学家道路；法国作家莫泊桑是在他的慈父般的朋友福楼拜的引导下成功地登上文学家宝座的……有些孩子之所以消沉、堕落，有60%以上的原因是因为结识了流里流气、不学无术、游手好闲的坏朋友而最终毁了自己的。在每个人的生活道路上，会面临许许多多的选择，最重要的选择在三个方面，即：朋友的选择、伴侣的选择和工作的选择。这些选择是否得当，将影响孩子的一生。而对朋友的选择，是孩子首先面临的人生课题。因此，对于孩子朋友的选择，也是妈妈应当非常关心的。

教育孩子择友，妈妈要先把正确的择友观念告诉他，使孩子具有良好的自我判定是非的能力，这同发现他交上"坏朋友"后再亡羊补牢相比，将事半功倍。

● 妈妈应该这样做

1. 帮孩子树立正确的择友观。

小学五年级的朱华，家境好，成绩好，但朋友少，有个原因是他只和家境好、成绩好的同学交往。小学二年级时，朱华过生日，同桌送给他一个生日礼物，他一看，只是一张自制的贺卡，不屑一顾地说："我不要，便宜没好货！"

他特别想和班上一位家境好、成绩好的同学来往，但是那位同学却不喜欢和他玩，有时还故意冷落他。有一次那位同学的妈妈出差回来，带回来一些热带水果，那位同学给很多同学分吃了，但就是不给朱华，还对他说："你说的非'必胜客'不吃，这水果很便宜，你不会吃的。"其实朱华非常想尝尝那热带水果。

还有一位成绩很差的同学，一次唱歌比赛得了一等奖，朱华认为没什么了不起的，但同学们视他为明星；而朱华吹自己的衣服都是名牌，同学们却不爱听。

帮助孩子树立正确的交友观很重要。每个妈妈在指导小学孩子择友时，应把志向远大、正直、诚实及情趣高尚放在首位。

2. 创造条件，鼓励孩子交友。

人际交往是人与人之间相互联系的最基本的方式，社会的许多工作都需要人们通过协作去完成，这就必须让孩子从小就学会与他人交往、协作。但现在的孩子多是独生子女，从生下来到进入幼儿园之前，多数都生活在一个缺少伙伴的环境。这样的成长体验让一部分孩子在早期交朋友时显得不是很主动和友善。急性子的妈妈往往会对孩子的表现感到疑惑，对此，妈妈不要过早给孩子定性，因此就认为孩子出现了"交际障碍"，只要创造良好的交往环境，孩子会逐渐由胆怯、怕生变成主动地寻找朋友。

3. **提倡交友求异的原则。**

朋友之间有不同之处，就意味着有互补的可能，你的长处会被对方吸取，你的不足也可被对方的长处所补充。两个彼此相异的人相处久了，互相影响对方的同时，自己也会变得完美。因此妈妈应主张男生和女生交朋友、好学生跟差学生交朋友、城市孩子和农村孩子交朋友，等等，因为让不同类型的孩子在一起交往、相处，会令他们成长得更加全面，成为一个能够适应社会、与社会有着广泛接触的人，而不是一个孤独、怪僻的人。妈妈要尽可能地让孩子与众多个性不同的孩子接触、相处，取长补短，汲取多方面的营养。在他们交往的过程中，还要时时诱导、鼓励他们有意识地互相矫正一些弱点，使他们的人格日趋完善。

4. **给孩子交朋友以具体指导。**

当四年级男孩赵本海对妈妈说不想上学、活着没意思的时候，妈妈大吃一惊。到底出了什么事竟使这样一个好孩子讨厌学校、感到活着没意思了呢？

原来这一年多来，赵本海一直觉得在学校活得很累、很压抑。老师批评他好接话茬，同学们也不喜欢他，不愿和他一起玩。他那么热情地帮同学们借书、买饮料、锁自行车、拿衣服……可同学们根本不领情，还经常嘲笑他、捉弄他。无数次，赵本海自己舍不得花的零用钱被同学借去买零食，同学就不再提还的事，他也不好意思要，只能生闷气。就在昨天下午上体育课的时候，竟然有两个同学扒他的裤子，他觉得受到了极大的侮辱。

赵本海将自己压在心中的烦恼告诉了妈妈。妈妈针对他的情况对他进行了开导，他的思想疙瘩解开了，又高高兴兴地上学去了。以后，再和同学之间有什么不愉快，他只要告诉妈妈，就能从妈妈那里得到有效的指导。

孩子毕竟是孩子，与小朋友交往中难免会出现各种各样的问题。孩子之间出现摩擦或者裂痕，妈妈应该细心观察，给予指导。孩子之间出现摩擦或者裂痕，妈妈应该了解原因，作出分析，指导孩子化解矛盾。孩子在一起时间过长，影响了学业，应跟孩子一起讨论，让孩子认清利弊，主动采取措施。

5. 引导孩子与人友好相处。

徐海飞，10岁，上学独来独往，课间休息也孤独自处，平时沉默寡言；性格暴躁，经常与同学打架，稍不如意就大叫大嚷，拍桌子、摔书本；有了错误，自己不肯承认，总把过错推给同学。

一次课间，徐海飞跟小亚一起玩踢球，结果将老师办公室的窗户玻璃踢破了。明明是徐海飞踢的，他却将错误归结到小亚身上，他说："要不是小亚将球传偏了，我也就不会踢到玻璃上了，所以这全怪小亚！"小亚生气了，就不跟徐海飞玩了。

妈妈知道这些情况后，对徐海飞进行了批评，并将小亚请到家中，让徐海飞向小亚道歉。从此，两个孩子的关系又好起来了。以后，妈妈还针对徐海飞和同学交往中的很多问题，及时进行帮助和指导。很快徐海飞能和同学友好相处了。

孩子进入小学后，开始表现出对周围环境和他人的强烈兴趣与关注，喜欢与年龄相仿的伙伴一起玩，迫切要求寻找小朋友。孩子之间的相处很有趣，即使前一分钟出现争吵，很快又会开心地玩在一起，

所以，妈妈其实不需要过分干涉和介入纠纷。为了培养孩子自己处理矛盾的能力，妈妈可以多与孩子沟通，例如提出"有两个小朋友，可只有一个玩具怎么办"、"小朋友打你时，应该怎么办"，通过这些语言引导孩子归纳总结出解决矛盾的正确方法，让他们自己说出"两个人轮流玩"或者"两个人一起玩"等言语。

拥有朋友是一个人心理健康的重要标志。大多数孩子在童年时代都会找到几个能够帮助自己理解生活、共享欢乐、分担痛苦的伙伴。而没有朋友的孩子在生活中是孤独的，因此，妈妈应该积极引导孩子多交友、善交友。

第35件事　互惠双赢，教孩子学会与人合作

西方心理专家认为，人类心理中存在着"合作需求"，就是一种愿与其他人合作以达成共同目标的愿望。科学家经过核磁共振试验也发现，人们合作时大脑发出的信号是愉悦的信息，在与他人竞争时情况则相反。在有选择的前提下，即使是孩子也愿意更多地选择合作性活动，而非竞争性活动。

国外教育专家发现，当孩子们有机会合作以达成共同的目标时，无论是玩角色配合的游戏还是叠罗汉，每个孩子都很清楚他们在为共同的目标贡献一份力量，每个角色对于结果成败都是举足轻重的，因此孩子们在扮演自己的角色时都会全力以赴。在活动中，他们也学会了容忍不同的意见，接纳其他孩子的相同和相异之处。另外，竞争性活动经常会导致自卑感，而合作性活动极少会有这样的后果。相反，合作性以及非竞争性的活动取得成功的机会更大，也更大程度地使孩子们增强自信心。

从前，有两个饥饿的人得到了上帝的恩赐———一根鱼竿和一篓鲜活的鱼。其中一个人要了一篓鱼，另外一个人则要了一根鱼竿。带着得到的赐品，他们分开了。

得到鱼的人走了没几步，便用干树枝点起篝火，煮了鱼。他狼吞虎咽，没有来得及好好品尝鱼的香味，就连鱼带汤一扫而光。没过几

天，他再也得不到新的食物，终于饿死在空鱼篓旁边。另外选择鱼竿的人只能继续忍饥挨饿，他一步步地向海边走去，准备钓鱼充饥。可是，当他终于看见不远处那蔚蓝的海水时，他最后的一点力气也使完了，他也只能带着无尽的遗憾撒手人寰。

上帝摇了摇头，决心再发一次慈悲。于是，又有两个饥饿的人得到了上帝恩赐的一根鱼竿和一篓鲜活的鱼。这次，这两个人并没有各奔东西，而是商定相互协作，一起去寻找有鱼的大海。

一路上，他们饿了时，每次只煮一条鱼充饥。终于，经过艰苦的跋涉，在吃完了最后一条鱼的时候，他们终于到达了海边。从此，两个人开始了以捕鱼为生的日子，后来他们有了各自的家庭、子女，有了自己建造的渔船，过上了幸福安康的生活。

前面两个人因为不知道合作，所以两个人都失败了；而后来两个人因为懂得合作，最终双双取得了成功。这个小故事告诉我们：要学会与他人合作，取长补短，相携共进，才能实现双赢。毕竟，团队的力量远大于个人的力量。

有人曾经问一位日本的小学校长："你办学最注重什么？"这位校长回答说："教育孩子理解别人，与其他人合作。在现代社会，如果不能与人相互理解和合作，知识再多也没用。"这位校长的话告诉妈妈们，合作意识和合作能力是孩子的一项重要素质。所以妈妈要积极引导孩子与人合作，在合作中培养其团队精神。

在家庭中，妈妈可以多创造与孩子合作的机会，如一起修理坏的门窗、一起做饭等。在与妈妈的合作中，孩子可以学到与他人合作的技能，在今后与其他人的交往中能够运用这些技能。对于孩子主动合作的行为，妈妈应该给予表扬。同时，妈妈要鼓励孩子多参加集体活动。孩子真正形成合作与竞争技能的时机，往往是在与同伴或集体的活动中，如参加运动会时为运动员服务、助威等。

● 妈妈应该这样做

妈妈应从以下几个方面培养小学孩子与他人合作的习惯：

1. 教孩子学会欣赏和接受别人。

黎强是学校足球队的主力，他很看不起队友守门员小飞。小飞家里穷，经常穿得邋里邋遢，成绩也不怎么样。妈妈知道黎强的这些想法后，就教育他说："你要欣赏小飞的长处，不能只看到小飞的短处。小飞不是你们学校最好的守门员吗？如果没有小飞的配合，你一个人再强，能打赢整场比赛吗？"黎强听了很惭愧，从此开始主动和小飞交往。在后来的一次足球赛中，正是由于两人默契的配合才赢了比赛。

只有能够真诚地欣赏他人的长处，才能从内心深处真正地愿意接受别人。从实质上来讲，合作就是取他人之长，补己之短，是双方长处的交融，也是双方短处的相互弥补。

只有相互认识到对方的长处，欣赏对方的长处，合作才会有真正的动力和基础。因此，妈妈要常给小学孩子灌输这样一种思想：任何人都有他的长处，要学会真诚地欣赏他人。

2. 提醒孩子凡事要想到别人。

妈妈要注意培养孩子慷慨大方的气度，要经常提醒孩子想到别人。如果孩子自私自利，凡事只想到自己，就会遇事斤斤计较。难于与别人友好相处，又怎么谈得上与别人合作呢？当孩子较小时，妈妈不妨对孩子进行这方面的"分享训练"：孩子手中拿着玩具，妈妈可以拿另外的东西，轻轻地、慢慢地递给他，从他手中取走玩具。通过这样反复训练，孩子便会逐渐学会互惠与信任。同时适当地给孩子们以引导，让孩子觉得分享对他来说不是一种剥夺，而是平添更多更新的乐趣和机会。

3. 让孩子多参加集体活动。

李石很不善于跟别人合作。妈妈就让他多玩一些诸如过家家、共同搭积木、集体拼板等需要彼此协作的游戏,此外,妈妈也要求李石多参加像足球、篮球、跳皮筋、跳绳等体育活动。妈妈说:"参加这些活动有利于提高你跟别人合作的能力。"每次参加这些游戏或者体育运动的时候,李石都会和伙伴们尽力配合。经过一段时间的锻炼,李石跟他人合作的能力有了明显的提高。

4. 培养孩子积极乐观和宽容理解的态度。

交往态度直接影响孩子交往能力的发展。妈妈和孩子一起游戏,形成了温暖和谐的家庭气氛,在这种环境下生活的孩子会乐于与人交往,同时在遇到挫折时也更容易超越不快的感觉。另外,妈妈还要为孩子创设交往机会,请小朋友到家里做客,或带孩子参加社区活动,在实际交往中体验交往的乐趣,学习与人合作的方式。在积极乐观的心态下,孩子也更容易培养宽容与接纳他人尤其是他人的不同之处的素质。

5. 教给孩子正确的合作方法。

合作不是一个人的事情,不能随心所欲。但孩子有时还不能很快掌握合作方法,比如几个人用橡皮泥制作一种小动物,需要通过事先分工来确定各自的任务。所以教给孩子正确的合作方法很重要,这需要通过具体的合作情景,帮助孩子逐渐学会合作的方法。

6. 教孩子学会和他人分享。

这是某小学课间的一个场景:

一个孩子从书包里掏出一件玩具。

"这是我的玩具!"

另一个孩子说:"借给我玩一会儿吧!"

那个孩子将玩具递过去,"好的!你玩完了再还给我!"

玩了一会儿。另一个孩子放下玩具,从书桌里摸出一本图画书。

"这是我的书,我们一起看吧?"他对那个孩子说。

"好的。"

于是,两个孩子安静地坐在小椅子上并排看起了一本书。

远处来学校看望孩子的妈妈看到了这一幕,会心地笑了。因为,孩子学会跟别人分享,正是妈妈最近对孩子教育的主题。

假如孩子凡事都自私自利、斤斤计较,那么他就难以与人友好相处,更谈不上进行合作了。因此,妈妈有必要让孩子表现出一定程度的慷慨大方,体会到分享的快乐。这里面有些妈妈需要注意的原则和技巧问题,比如要让自己的孩子和别的孩子分享他所喜爱的玩具,切忌对他进行强迫,也无须向他讲一些空洞的大道理。应该适当地引导小学孩子,多给他鼓励,他就会感到分享对他不是一种剥夺,而是一种增添更多乐趣的机会。

第36件事 提高孩子的审美能力

有人认为,自然美是客观存在的,只要有眼睛和耳朵,人人就都能感受和理解美了。其实不然。美学史上有一首题为《美盲》的诗,描写一农妇置身于枫林夕照、美丽如画的境界中,她却视而不见,听而不闻,无动于衷。这首诗说明人们对自然美的欣赏需要具备一定的审美能力和艺术修养。罗丹说过:"美是到处都有的,对于我们的眼睛不是缺少美,而是缺少发现。"如果妈妈不想让孩子成为"美盲",那么仅仅带他们到自然环境中去是很不够的,还要引导、培养他们能够发现美的眼睛。

孩子出生几个月就喜欢色彩鲜艳的东西,两岁的孩子就知道穿崭新漂亮的衣服,喜欢别人夸奖。作为妈妈,不能单纯地认为孩子幼小无知而忽视了孩子的审美教育,孩子毕竟缺乏辨别美丑的能力,他们的内心世界就像一张白纸,妈妈的一言一行好似画面上的一笔一画,孩子的审美观是在成人潜移默化的影响下形成的。所以说妈妈对小学孩子的审美教育尤为重要。

杨清的女儿靓靓从小十分爱美。三岁时,看到一些小朋友着装艳丽,或戴项链、手镯,不免流露出几分羡慕。她悄悄地问妈妈:"园园涂红指甲好不好看?"从那时候开始杨清就下定决心开始培养女儿的审美能力。

杨清从不限制靓靓在穿戴方面的选择，也从不硬性规定哪些可以穿或哪些不可以穿，杨清之所以这样做也是防止靓靓产生逆反心理，认为妈妈没有能力打扮她，就限制她追求美。杨清想，不能剥夺了靓靓爱美的权利。

一次，杨清花10元钱买了5公斤毛线头，那是毛衣厂的下脚料。杨清把五颜六色的线头一截截接好，给靓靓织了好几件衣、裙、裤、背心，利用颜色俱全的特点，精心设计出富有童趣的款式和图案。

比如，有件毛衣构图新颖奇特，下摆织成红色线加白色线的"砖墙"，胸前露出半张顽皮三毛的脸，左右两只胖乎乎小手正扒着墙头，在寻找着什么，噢，原来是袖子上的一只小乌龟。小乌龟是先用绿色线头缠好，缝上去的，活动的头和尾别有一番情趣。靓靓穿上这件衣服，平添了几分聪颖、活泼。小朋友围着她，摸摸小乌龟，揪揪三毛的头发，羡慕极了。好多阿姨都借这件毛衣做样子。

杨清那时因病坐不住，躺着织得很艰难，致使胳膊肘流血结痂，但杨清以母亲深挚的爱，像春风化雨般润泽着靓靓健康的审美情趣。

过年了，靓靓不让杨清花钱为她买新衣，建议利用家里的剩条绒布拼成灰绿色罩衣，由靓靓自己设计选择补花图案，她选择了一个卡通小姑娘。于是，她们找出各色花布，靓靓负责剪纸样，全家三口人剪剪贴贴，拼拼补补，一起缝制，干了两天一夜才完工。

杨清把它挂在衣架上欣赏，那奇特的效果，简直令人心醉，激动得杨清和靓靓紧紧地拥抱在一起。这件衣服穿在靓靓身上简直有了轰动效应，路人多行注目礼，靓靓几次到电视台录像都穿着它，从6岁一直穿到小学三年级仍舍不得丢弃。

对小学孩子进行审美教育，是他们身心全面健康发展的需要。妈妈应该通过自然、社会和艺术的美，引导孩子去感受美、鉴赏美和发挥创造美的能力，使他们形成正确的审美意识和审美观点，达到陶冶

情操和充实精神生活的目的。

一位艺术家曾说:"如果一个孩子从小就懂得什么是美,那么他一生都会去追求美!"孩童时期,其感知力、好奇心、记忆力较强,易于感受艺术,是培养艺术审美的基础阶段。妈妈不应该苛求孩子个个长大成为艺术家,但最起码应当具有成熟的审美观。

● 妈妈应该这样做

那么,妈妈怎样对孩子实施审美教育,塑造孩子懂美、爱美的心灵呢?

1. 用良好的家庭环境熏陶孩子。

为了对女儿小景进行审美情趣的培养,妈妈从自己的家庭环境的安排开始做起。在住宅里,绝不放置任何没有情趣和不协调的东西。室内摆放的器具、墙上挂的图画都是精心挑选的。穿衣服也是如此,妈妈反对穿奇装异服,不仅自己这样,而且也要求小景穿着朴素、雅致,衣帽整齐,干净利索。此外,妈妈还十分讲究美化家庭,把自己的住房安排得整齐、清洁、舒适、美观,给人以美的感觉。在院内和阳台上还种了一些花草,室内点缀几个盆景,显得室内陈设幽雅别致。

一个清新雅致、和睦美满的家庭环境,对培养孩子美的情趣、优良的气质和性格,具有十分重要的作用。

2. 培养孩子树立"四美"观念。

使孩子在日常生活中逐步做到心灵美、语言美、行为美和仪表美,是妈妈对孩子进行审美教育的核心。陶冶孩子心灵美,要从小对孩子进行思想情操的培养,坚持从小处着眼,从小事做起,从一点一滴开始,使孩子养成优良的品德作风及健康的审美情趣。美的语言标志着家庭和社会的文明程度,反映一个民族的精神面貌。因此,妈妈要培养孩子在日常生活中做到和气文雅、谦逊有礼、落落大方。教育孩子在同别人说话时要以理服人，不强词夺理，不恶语伤人，谈吐文雅，不说粗话、大话、脏话，不盛气凌人。妈妈要经常有意识地向小学孩子灌输礼貌用语，及时纠正孩子错误的语言习惯，让他们从小养成良好的语言习惯。

美的行为是一种榜样、楷模，妈妈是孩子的第一任老师，妈妈美的行为、家庭的和睦，对孩子都是无声的教育，孩子都会仿效，从中汲取向上的力量。妈妈还要培养孩子从小热爱劳动、互相友爱、守纪律、爱护公物、讲文明、讲卫生、不随地吐痰、不乱扔脏物，克服独生子女的孤僻、好吃懒做、专横跋扈等不良习气。

仪表美是培养孩子穿衣戴帽要整洁、美观、干净、大方。妈妈打扮孩子要注重从小使他们懂得什么样的仪表是美，什么样的仪表是丑。妈妈不应一味地追求时髦，追求打扮，给三四岁的孩子烫发、戴耳环、戒指，浓妆艳抹，穿紧身衣。这些不适宜孩子的装束，对孩子的正常发育和辨别美与丑的能力都会带来不良的影响。妈妈为孩子选购衣服应适合孩子的特点，款式要简单、大方、美观，色彩要明快、活泼。

3. 用文学艺术感染孩子。

静雯在古典音乐方面有很高的造诣，这与妈妈的培养是分不开的。静雯出生前，妈妈就开始对她施行音乐教育，经常给她听古典音乐。出生之后，静雯就对古典音乐表现出了酷爱，妈妈依然每天放古典音乐给她听。四岁开始，静雯就缠着妈妈给她请老师学古筝。现在静雯已经是四年级的小学生了，她不但是学校有名的音乐才女，而且在审美和情商方面都表现出了较高的素质。

文学艺术是人类精神活动的产物，是人类智慧的创造。它具有认

识社会生活、鼓舞教育人们和推动历史前进的作用。文艺作品能给人情感上的陶冶和精神上的满足，唤起美的想象，激起生活的热情和创造力。因此，妈妈要善于运用音乐、舞蹈、绘画、工艺、摄影、文学、戏剧等艺术形式对孩子进行美的教育。

小说、诗歌、散文、人物传记等文学作品，反映时代主流和生活本质，对孩子的道德品质、文明习惯、人生观和世界观的形成，都起着潜移默化的教育作用，其作品精巧的构思、优雅的语言、生动的形象、恬美的意境，都能给孩子以美的感受。妈妈对小学孩子阅读文学作品应加以指导，根据他们的不同年龄择优选择难易程度不同的作品，帮助他们阅读和理解。唐诗、宋词、童话、儿歌、寓言，还有中外一些优美的小说、散文、人物传记等，都能陶冶孩子的性情，净化孩子的心灵。

音乐是听觉艺术，它以各种音质、旋律和节奏表达丰富的思想情感，唤起孩子对生活的种种感受，丰富孩子的想象力。妈妈最好能利用业余时间和小学孩子一道，共同欣赏一些优美流畅、富有情调的音乐，以培养孩子对音乐的兴趣和欣赏能力。如果家庭条件允许，孩子也有兴趣，还可以购买几件乐器，使孩子在吹拉弹唱中领略生活的乐趣。

4. 通过接触自然，了解人文知识陶冶孩子的审美品味。

从5岁起，差不多每个休息日妈妈都会安排时间带策策外出，不是去自然博物馆，就是去公园，甚至去建筑工地或农贸市场。春天，妈妈和策策一起去踏青；夏天，妈妈和策策一起去玩水；秋天，妈妈和策策一起收集树叶做书签；冬天，妈妈和策策一起打雪仗、堆雪人。那时，妈妈和策策最爱一起玩的游戏就是给树叶找妈妈。大自然激发了策策对各种事物的极大兴趣，充分满足了策策的好奇心，他像一块干燥的海绵拼命吸吮着自然界的各种信息,上学后,他所知道的自然知识比其他同学要多,这使他在和小朋友的接触中充满了自信。后来,策策迷上了绘画,辅导老师说他有很好的注意力和观察力。妈妈明白,这和自己经常和策策在大自然中观察事物有很大关系。

大自然的美景,是对孩子美的培育取之不尽、用之不竭的源泉。巍巍的群山、葱郁的森林、奔腾的江河、浩瀚的海洋、艳丽的花草、蔚蓝的天空、鲜艳的朝阳、雨后的彩虹……这些充满诗情画意的自然风光,无不给孩子以美的遐想和享受。

在节假日里,妈妈应有计划地抽出时间,带小学孩子去参观、游览,结合自然景观和名胜古迹,向他们介绍风土人情、历史传说、名人轶事等,以增强孩子对自然美的感受。同时,要耐心地从观赏一草一木开始,由浅入深地引导孩子注意景物的外形美,还要逐渐引导孩子发现景物的内在美,不断提高孩子的审美能力。在游览过程中,还可以指导孩子通过学习写生、摄影、采集标本、写游记等训练,深化孩子对大自然美的觉悟和感受。

"一个人,只有他身上的一切——他的容貌、他的衣服、他的灵魂和他的思想——全是美的,才能算做完美。"这是俄国文学家契诃夫对人发展的美好描述。妈妈不辞辛劳地培养、塑造孩子的审美情趣和审美心灵,也正是为了把他造就成一个具有美的灵魂和美的思想的人。

第37件事　培养孩子的竞争力

竞争是一个国家、一个民族赖以生存和发展的动力。一个国家、一个民族没有竞争，就没有进步，没有发展。一个人没有竞争的压力，也就没有前进的动力。

当今世界、当今社会是竞争的世界、竞争的社会。市场经济就是竞争的经济，市场经济的核心和基本原则就是竞争。

竞争的结果是优胜劣汰。即优者胜，劣者败；胜者获利，败者失利。正如达尔文生物进化论所说的那样："适者生存，不适者淘汰。"

可见，竞争是一种实力的较量，实力强者得以生存发展，实力弱者被淘汰或灭亡；竞争也是智慧的较量，有才能者得胜利，平庸者遭失败。在现实生活中，竞争无处不在，无时不有。如植物间争阳光、争水分、争养料，动物间争地盘、争配偶、争食物，企业间争原料、争市场、争销售等。

现代社会，谁都回避不了竞争这个现实。对孩子来说，培养竞争意识的目的在于使孩子逐渐具有不甘落后、敢于拼搏的勇气和面对现实、积极进取、正当竞争的心态。

从上幼儿园开始，孩子便开始经历无数次的竞争，到了工作岗位，同行、同事之间的竞争就更为激烈，与事无争只是暂时的心境。如果没有一定的竞争意识和竞争能力，一个人很难在社会上立足，不仅难以获得幸福生活所必须具有的地位和财富，更感受不到成功的快乐和自我实现的幸福感。

尤其如今的孩子在家庭中缺少"竞争机制"，在生活上又事事被包办代替，接受锻炼的机会很少，由此养成的唯我独尊、依赖别人的个性，很容易使他们在竞争中处于劣势，产生不平衡心理。因此，要使今天的孩子成为能在明天的生活中感受快乐和幸福的人，成为生活的强者，就要特别注意对其竞争意识的培养。

小孩之间互相抢东西是一件让不少家长头痛的事，但是军军的妈妈头痛的却是军军从来都不争东西，别人要玩，他就退让。这一"懦弱"的表现，家长看在眼中，急在心里。"在这个充满竞争的社会，军军总是退让，怎么在社会立足啊？"军军妈妈对此非常焦虑。

"是不是我限制了孩子的自我发展？"军军的妈妈对于孩子"懦弱"的表现相当焦虑，也相当自责，认为那都是自己在教育孩子的过程中犯了错。军军的妈妈从小对军军的礼仪、品性教育就很严格，见了人要问好，要和人分享，遇到事情先问问妈妈。而事实上，军军也被教育得像个小绅士。但军军妈妈却发现，军军太绅士了，绅士得连自己喜欢的东西都拱手让人了。"我带孩子去早教中心，老师对军军的评价是很聪明、很有礼貌，但是自信心不足。我知道这都是我的错，我什么都让他先问问我的意见，他知道我不喜欢他和人争东西，就不争了，什么都问我的结果就变得都没有了主见。怎么办才好呢？"军军的妈妈十分苦恼。

像上面案例中的孩子，丝毫没有竞争意识，更谈不上有竞争能力，难怪他的妈妈要担心他的将来了。个人的竞争能力，是个人的社会适应和社会生存能力，以及个人的创造能力和发展能力，是个人在社会中安身立命的根本，因此妈妈要注重培养孩子的竞争能力。

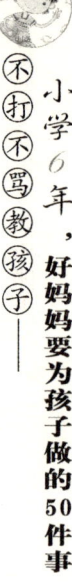

● 妈妈应该这样做

个人竞争能力是体现在多方面的，培养小学孩子的竞争能力，妈妈需要从多方面入手进行：

1. **培养孩子正确的竞争意识**。

上六年级的崔振锋成绩非常好，总是考第一。这和崔振锋妈妈平时对他的竞争教育是分不开的。平时妈妈常给崔振锋讲一个电影故事：

一次，一位教练携女排出国参赛，得了银牌。在回国的路上，他说："我要的不是银牌，是金牌。"随后，他就将银牌扔进了太平洋。

崔振锋的妈妈始终以此事来激励自己的孩子，要孩子无论在什么时候都要努力做到最好。

竞争意识与自我意识紧密相联，清晰的自我意识是在与他人的比较之下才显现出来的。幼儿期是孩子自我意识发展的关键期，为了发展自我的个人心理，需要拥有与别人区分开的、独特的、个体的经验，从而显示出自己的独立人格。为了在不同对象面前表现自己，孩子需要了解自己的言行将会如何影响自己在别人眼里的形象。竞争意识的萌芽，正是孩子自我意识发展的重要表现，妈妈应及时予以支持与正确引导。

2. **端正孩子竞争的心态**。

如果妈妈对孩子竞争欲望过强感到忧虑，应该先帮孩子端正心态，要让孩子明白竞争是展示自身实力的机会，是件美好的事，要用从容的心态看待超越和被超越，不应充满妒忌和愤懑。而参与竞争的意义之一，就是学会有风度地接受失败，并且诚心实意地祝福对手。告诉孩子，在竞争中得到胜利固然值得骄傲，但和同伴之间的团结协作的精神，也是现代生活中不可或缺的品质。妈妈用自身行动做出良好的示范，孩子自然会感同身受。

3. 鼓励孩子相信自己。

有一次，晨晨的学校要举行朗诵大赛，晨晨回家时告诉妈妈："我想参加，但又不敢报名。妈妈，我怎么办才好呢？"想参加是想检测一下自己的朗诵水平，不敢报名是由于有个在全省获过朗诵大赛一等奖的孩子也报名参赛了，可能自己连一点希望都没有。

妈妈听了晨晨的话，并没有发表意见，而是给他讲了一位盲女孩在大家都认为不可能的情况下，敢于参加歌舞厅歌咏小姐应聘的故事，这位盲女孩之所以在强手如林的情况下能成功，在于她大胆参与、认认真真地发挥自己的水平。

晨晨听了深受启发，积极地做好比赛准备，结果获得了第二名。

鼓励孩子勇于表达自己的内心感受，用自己的价值观判断是非，相信自己有能力去实现所追求的目标，而不是只通过竞争来体现自我价值。要让孩子明白，自己在尽了最大努力之后，能做一个继续努力的赢家或是毫不气馁的输家，而不是过分注重竞争本身。

4. 鼓励孩子参与集体竞赛。

舒舒是个内向的孩子，经常把自己一个人关在屋子里，不敢出去跟小朋友一起玩。妈妈把他带到大街上，他看着别的孩子在踢足球，眼里露出羡慕的目光，可是那些孩子过来跟他打招呼，他却吓得躲在妈妈身后。妈妈就鼓励他："孩子，你不是梦想要成为一名足球明星吗？那你现在就要勇敢起来，就应该去不断练习，去吧，去跟那些小伙伴一起玩吧。"舒舒怯生生地问："妈妈，我能踢好球吗？他们会跟我玩吗？"妈妈说："会的，孩子，只要你自信地走过去！""嗯。"舒舒点了点头，然后勇敢地向小伙伴们走过去。

以班、组为单位的智力竞赛、体育比赛等，是一种集体竞争活动，

要求每个人既要发挥最大的潜能，又要互相合作协调，使整体取得成功。目标是既要战胜对方，但又不能损害对方，孩子从中可学到许多竞争的方式方法，比如公正、平等，从而促进孩子良好的竞争意识的形成。

5. 莫给孩子太大的压力。

上三年级的李琴琴认为自己得不到第一就对不起爸爸妈妈，这与其父母平时的教育是分不开的。琴琴刚上学时学习不错，妈妈就鼓励她争第一。而且，每次的考试或随堂测验妈妈都要求得很严，要是没得满分，妈妈就会一问到底，还要声泪俱下地向琴琴诉说自己为她失去了工作，还让她想一想她爸爸每天工作到深夜的情景。这一招还真有效，孩子学习越来越自觉了，考试一般都是满分。

就在妈妈洋洋自得的时侯，老师找到了妈妈，对妈妈说了这样一件事：有一次，琴琴考试错了一道题，得了 98 分。拿到卷子后，整整哭了两节课。老师对妈妈说琴琴是一个性格内向的孩子，要是逼得太紧，会给孩子造成极大的心理压力，这对孩子的健康成长是极为不利的。听了老师的话，妈妈心里沉甸甸的。自己本来是想激励孩子，没想到却给孩子造成了这样大的心理压力！

让孩子去参与竞争是好的，但是为此给孩子过多的压力，那就会得不偿失，就会伤害孩子的心灵，妨碍孩子的健康成长。孩子的心灵承受力还非常弱，作为妈妈一定要特别注意。

第 38 件事　提高孩子的口头表达能力

　　口头表达能力是一个人应具备的素质之一。在经济发达的信息社会中，人们常常根据一个人的讲话水平和风度来判别其学识、修养和能力。美国人早在 20 世纪 40 年代就把"口才、金钱、原子弹"看做是在世界上生存和发展的三大法宝，60 年代以后，又把"口才、金钱、电脑"看做是最有力量的三大法宝，"口才"一直独冠三大法宝之首，足见其作用和价值。

　　在现代社会，由于经济的发展，人们交往日益频繁，口头表达能力的重要性日益增强，越来越被认为是现代人所应具有的能力之一。现代人不仅要有新的思想和见解，而且要能在别人面前很好地表达出来，不仅要以自己的行为对社会做贡献，而且要能以自己的语言去感染别人。

　　中央电视台"东方时空"栏目曾经做了一个"杨利伟怎样成为我国进入太空第一人"的节目，被采访的航天局领导说了三个原因：一是杨利伟在五年多的集训期间，训练成绩一直名列前茅；二是杨利伟处理突发事件的能力特别强，在担任歼击机飞行员时，多次化解飞行险情；三是他的心理素质好，口头表达能力强，说话有条理、有分寸。由于以上三个优势，杨利伟最终通过了 1600 人—300 人—14 人—3 人的淘汰考验。

航天局领导还透露了这样一个细节：在最终确定三人为首飞候选人之时，三人各方面都十分优秀，难分高下，只是考虑到作为我国第一个进入太空的宇航员，将要面对全世界的瞩目各大新闻媒体的采访，还将进行巡回演讲，才最后决定让口才好的杨利伟首飞。

由上面的案例可见，口头表达能力能决定一个人的命运。

现代社会中，从事各行各业都需要口头表达能力：对政治家和外交家来说，口齿伶俐、能言善辩是一项基本的素质；律师要维护被告人的合法权益，少不了要进行辩护；商业工作者推销商品、招徕顾客，企业家经营管理企业，都需要口头表达能力。在日常交往中，口头表达能力强的人能把平平常常的话题讲得很吸引人，口笨嘴拙者即使讲的内容很好，听起来也索然无味。

世界著名成功学家卡内基说："崇高的思想、渊博的知识、远见卓识以及一定的记忆能力、较强的应变能力、进行说话基本功训练，这些都是我们培育'口才之花'的'养料'，离开了这些，训练口头表达能力只能是一句空话。"

● 妈妈应该这样做

妈妈培养孩子的口头表达能力，可以从如下几方面入手：

1. 培养孩子的高尚情操。

品德修养恶劣的人带给别人的印象也只能是卑鄙的灵魂、低级趣味。这就是一种人格力量的体现。而演讲者、说服者只有具备了高尚的思想修养，他的话才具有说服力。所以，要训练小学孩子的口头表达能力，妈妈首先就要培养孩子的思想美、心灵美、行为美，培养孩子热爱祖国、热爱人民的高尚情操，让孩子学会使用正确的方法、立场去分析问题、解决问题。只有这样，孩子才能用美好的语言去感染听众、说服听众、影响听众。

  2. **让孩子积累渊博的知识。**

  五年级的小男孩陈峰阳,最近获得了学校"金口王"辩论赛的冠军。他在辩论会上,口若悬河、滔滔不绝、旁征博引、妙语连珠,将对手驳得哑口无言。总结这次成功的经验,他说:"这多亏了妈妈对我的教育,妈妈从小培养了我读书的好习惯,所以,我的知识量远远超越同龄人。辩论中,我举出来的例子,很多对手都没有听说过,他们还怎么可以辩驳我呢?"

  要想给别人一杯水,自己要有一桶水。这是一个普通的常识。孩子要说给别人听,首先就得自己有。别小看了演讲时的几分钟、论辩时的几句话,就这几分钟、这几句话,都需要有丰厚的知识积累。为了让小学孩子积累知识,妈妈可以让孩子这样做:准备一个本子,把每天从报纸、杂志、课文中看到的观点、方法,好的词、句子都记录下来,有时间就拿出来看看,天长日久,就形成了自己的思想,有了自己的见解,也有了自己的词汇库。说起话来也就头头是道,甚至常常能妙语惊人,这就是积累的结果。

  3. **培养孩子有自己的独到见解。**

  远见卓识是演讲者、交谈者、论辩者必须具备的一种素质。孩子不论是演讲,还是谈话、论辩,面对或是广大的听众,或是单个的人。但不论是人多还是人少,谁都不愿意去浪费时间听那些老掉了牙的、人人皆知的陈词滥调。如果总是人云亦云,从没有自己的见解、自己的观点,那么永远也不可能征服听众。要想自己的见识超群、见解独到,就要站得高、看得远,高瞻远瞩,言别人之未言,说别人之未说。因此,妈妈要引导孩子对周围人或事多观察、多见识、多思考,进而提高孩子的思辨以力和表达能力。

4. 培养孩子较强的记忆力。

记忆力是演讲者、谈话者、论辩者的一项重要的素质。孩子的演讲词、论辩词包括谈话的一些内容都是需要记忆的,通过记忆把演讲、论辩的内容储存在大脑中,登台演讲或进行交谈、辩论时,才能张口即来、滔滔不绝。如果记忆力不强,到了台上,一紧张就会丢三落四,甚至张口结舌。

培养孩子记忆力是要下点苦工夫的。小学孩子的年龄正好是记忆力最好的时期,所以妈妈一定要让孩子抓紧时间,培养和加强记忆力。记忆的方法很多,妈妈可以让孩子自己从学习中寻找、总结一些记忆规律,供自己使用,也可以学习、借鉴他人的成功方法,如形象记忆法、数字记忆法、联想记忆法等。

5. 对孩子进行说话基本功训练。

陈汉方是个内向的孩子,还有点结巴,说话总是声音很小,而且嗫嗫嚅嚅,让听的人很费劲。有一次学校举办演讲比赛,他很想参加,结果连预赛都没有进入。这给了他很大的打击,他下定决心要练好说话。为了帮助他,妈妈特别对他进行了说话基本功的训练,教给他表达的技巧、发音和控制语速的技巧,以及表情配合的技巧等。经过半年的训练,取得了很好的效果。再次参见学校演讲比赛的时候,陈汉方竟然获得了第三名的好成绩。

面对同一件事,没受过语言训练的孩子的表述,有可能是语无伦次、杂乱无章的,即使说上一大堆话,也只会是废话一堆,若是受过良好语言训练的孩子,他可能只需很少的语句,就会十分简练、完整且合乎逻辑地抓住主要情节和其他情节之间的关系,将事件表述出来,从而也提升了自信心。所以,妈妈应该对小学孩子进行说话基本功的训练。

第五章

读懂生活真谛，
教孩子做命运的主人

第39件事　给孩子提供成长的好环境

瑞典教育家爱伦·凯指出："环境对一个人的成长起着非常重要的作用，良好的环境是孩子形成正确思想和优秀人格的基础。"

妈妈是孩子的第一任老师。家庭环境对人的影响最深刻，家庭生活给人身心发展所打上的烙印，终生难以磨灭，在人一生的成长、发展的过程中发挥着重要作用。

孩子绝大部分时间生活在家庭里，家庭环境对他们有耳濡目染、潜移默化的教育作用。中国古代"孟母三迁"的故事就是说孟母特别重视周围环境对孟子的直接影响的。

教育专家还专门做过这样一个实验研究：

教育专家把一对双胞胎的女孩子从小分开，一个留在大城市的家庭里，一个被送往边远地区随亲戚生活。两个孩子的遗传素质大体相同，由于生活的家庭环境不同，这两个孩子的个性发展完全不同。留在城市的孩子喜欢读书，智力发展较好较快，也比较文静；而在边远地区亲戚家长大的孩子，则不想读书，身体很好，会爬树，也很灵巧，性格很开朗。

成功的家庭教育一定要给孩子丰富多彩的生活环境和条件，这是孩子快乐进取的物质基础。环境具有强大的影响力，它是立体化的、从头到尾的"三维教材"，就像变色龙在不同的环境中会改变不同的体色，孩子在不同的环境中也会长成不同的个性。

良好的成长环境对上小学的孩子主要有以下几个方面的作用：

1. 推动孩子智力的发展。

妈妈对孩子智力启蒙的好坏，直接影响到孩子今后的学习。恶劣的成长环境，往往影响对孩子早期的智力开发，导致孩子的心智不健全。良好的成长环境，则会推动孩子智力的发展。

2. 帮助孩子养成好习惯。

好的习惯让人受益终生。上小学的孩子诸多良好的习惯，如生活起居的习惯、饮食的习惯、学习的习惯、读书的习惯，等等，其养成过程和良好的成长环境也是密不可分的。

3. 影响孩子世界观的形成。

在恶劣的成长环境里生活，孩子对世界的认识自然会有所歪曲。没有良好的教育，就没有良好的习惯；没有良好的意识，就会有一些不良的行为。

良好的成长环境，对孩子的健康成长是十分重要且迫切需要的。赞扬的环境，让孩子自信；鼓励的环境，让孩子勇敢；分享的环境，让孩子慷慨；诚实与正直的环境，让孩子坚持真理与公正。相反，讽刺的环境，让孩子自卑；羞辱的环境，让孩子自弃；敌意的环境，让孩子对立。

为此，每个妈妈都应当重视孩子的成长环境，并尽自己的一切努力来给孩子创造良好的成长环境，以促进孩子健康成长。

● 妈妈应该这样做

妈妈为小学孩子创造一个良好的成长环境，应做到如下几点：

1. 营造温馨、和谐的家庭气氛。

黄晓是个小学生，他的家庭十分温馨。爸爸妈妈非常和睦恩爱，同时对爷爷奶奶也十分孝顺。家里有什么劳累的家务，爸爸总是抢着替妈妈干。妈妈做了好吃的，也总是给爸爸留着。他们对黄晓也十分疼爱，凡事都会征求黄晓的意见和看法。黄晓觉得生活在这样一个家庭里，十分自豪，而且养成了良好的品质和个性。

营造温馨、和谐的家庭气氛，妈妈首先要搞好家庭成员之间的关系。其次，要搞好和孩子之间的关系。妈妈要爱护子女，对孩子尊重、信任，不随意呵斥、打骂，以平等的、民主的、朋友式的态度与孩子相处，应少一些"专制"的做法，尽量建立起新型的、民主的家庭关系。

2. 培养健康、文明的生活情趣。

妈妈要有意识地在家庭中培养文明、健康的生活情趣，如关心时事、热爱科学、爱好音乐、喜欢参加体育活动、注重文化修养、语言文明等。对不文明的东西，妈妈要善于诱导，提高孩子辨别是非的能力，以增强孩子的免疫力。当然，在这方面妈妈应处处以身作则，做孩子的表率。

3. 树立端正、良好的家庭风气。

文俊读小学四年级时就偷窃成性。家长气得打他也无效，老师多次教育也无效。后来，老师通过与他的父母多次沟通得知，文俊会成为惯偷是他的妈妈惯的。从文俊三岁开始，到邻居家、朋友家、亲戚家、商店、小摊上就喜欢拿东西，爸爸责骂时，妈妈就说，孩子还小，拿点小东西有什么要紧，长大自然就懂事。结果是文俊长大了，竟然成了一个惯偷。

优良的家庭风气，是良好家庭环境的重要组成部分，是有效的、无形的教育手段，对孩子有重要的影响作用。树立良好的家风，要求家庭成员有良好的伦理道理观念，要形成和睦互助、敬老爱幼、谦让有礼、积极上进、努力勤奋、诚实守信、热爱劳动、勤俭持家的好风尚。

4. 创造勤读、好学的智慧环境。

豆豆知识渊博，比同龄的孩子知道得都多。什么天文知识、历史知识、海洋知识，都能随口就来，俨然是一个小专家的样子。很多孩子都很羡慕豆豆，其实，豆豆也不是天生就拥有这些知识的。豆豆的渊博来自他喜爱读书的习惯，而这个习惯源自豆豆的妈妈。

豆豆妈妈是个十分喜欢读书的人，经常手不释卷，在妈妈的影响下，豆豆很小就开始读书、识字了。妈妈也十分注意培养豆豆的阅读兴趣，经常和豆豆一起制订阅读计划，一起读同一本书，还经常带豆豆逛书城。

就这样，豆豆成了个渊博的"小专家"。

妈妈要以身作则，给上小学的孩子树立勤奋好学的好榜样。一家人要经常一起读书、学习、讨论，营造浓厚的家庭学习氛围。妈妈还要给孩子设立书柜，经常带孩子逛书店、书城，给孩子购买喜爱的书籍。此外，妈妈还要及时表扬孩子在学习上的进步，激发孩子的学习兴趣，帮孩子树立学习的信心。

5. 创设属于孩子自己的小天地。

给孩子创造一个属于他们的小天地，给孩子更多的自由活动时间和空间，让孩子自由地表达自己的心愿。孩子可以在自己的小天地里，依照自己的兴趣选择活动内容，进行积极愉快的学习。另外，也可以邀请好伙伴共享愉快时光。

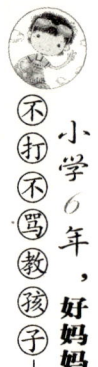

第40件事 均衡营养，注意孩子的科学饮食

小学孩子的身体正处于快速成长时期，需要大量的营养物质。如果营养结构不合理，那么一些器官就有可能发育不完全，身体容易出现疲倦、无力、抵抗力下降等症状，从而影响孩子的健康。

孩子的正常生长发育，需要多种营养素来维持，但在所有的食物中没有一种食物能完全满足孩子对各种营养物质的需要。所以，为了保证孩子的正常生长发育，常常需要同时进食几种食物，当孩子偏食时，由于长期食用动物性食物或植物性食物过多而易导致各种营养物质的缺乏病，如营养不良症、营养性贫血及佝偻病等。

安如意一家高高兴兴地坐在餐桌旁准备吃饭。妈妈今天做了红烧鲳鱼、番茄炒蛋、花菜香菇炒肉丝、紫菜虾米汤。安如意坐上椅子一见番茄炒蛋，就高兴得马上将盛番茄炒蛋的盘子拉到了自己前面，拿起调羹一心一意地向番茄炒蛋"进攻"。妈妈劝安如意吃一点花菜，可她就是不听。爸爸将剔除刺的鱼肉放到安如意的碗中，也被她推到了一边。看到孩子的挑食样，妈妈在一旁直摇头。不久后的一天，妈妈突然收到安如意老师的电话，说孩子上课晕倒，送到医院了。妈妈急忙赶到医院。医生告诉妈妈："你家孩子别的问题没有，就是营养不良，以后吃饭再也不能让她挑食了。"妈妈点了点头。因为那次晕倒的教训，安如意也不敢再挑食了。现在，妈妈按照营养食谱做出来的饭菜，她全部"照单全收"。

● 妈妈应该这样做

妈妈要保证孩子足够的、均衡的营养，具体应注意以下几方面的饮食调理：

1. 科学地安排一日三餐。

一天，上六年级的苗苗突然在课堂上昏倒了。老师同学赶紧将她送到了医院。医生检查后说："这孩子没有病，只是饿晕了！"老师听了大吃一惊。经过家访老师了解到，因为苗苗妈妈要赶早市去卖衣服，没时间做早餐，苗苗经常不吃早餐。而那天的前一晚上苗苗晚饭吃得很少，再加上没吃早餐，所以就发生了课堂晕倒事件。

经过这件事，苗苗的妈妈对苗苗的早餐再也不敢大意了。以后无论多忙，都会早早起来将女儿的早餐准备好。

孩子要茁壮成长，必须全面补充营养，平衡膳食，合理搭配一日三餐。早餐要吃饱。早餐很重要，上午消耗热量较多，主要由早餐提供，宜进食热量较高、体积较小的食物，如牛奶、面包、果酱、豆浆、芝麻酱等。午餐要吃好。午餐是正餐，从午餐到晚餐中间相隔4~5小时。晚餐不过饱。有的家庭因种种原因，早餐凑合，中餐马虎，只有晚餐最丰盛，这种做法十分不科学。

2. 调动孩子的饮食兴趣。

二年级的金飞吃饭总是挑三拣四，找各种理由拒绝自己不爱吃的食物。对此，妈妈非常苦恼。后来，妈妈看了一个电视节目，并从中得到了启发。妈妈找来关于营养平衡的书给金飞讲解其中的奥秘和道理，金飞马上被这些有趣的知识迷住了。从此，金飞改变了偏食、挑食的坏习惯。

此外，做饭的时候，妈妈让孩子一起做，可以充分调动孩子的饮食兴趣，或者买菜的时候带上孩子，让孩子对蔬菜等有更直观的认识。吃饭之前，让孩子帮着在餐厅里张罗，比如摆好餐具，或者端菜、盛饭等，把用餐作为家庭中的一件大事来做，就像是在过一个隆重的节日一样。这样，孩子肯定能吃得比平常更香。

3. 给孩子供给充足的蛋白质。

蛋白质是儿童生长发育的最佳"建筑材料"，成人每天约需要蛋白质80克，上小学的孩子相对需要得更多些，不仅要保证蛋白质的数量，还要讲究质量。动物性食品，如鱼、肉、蛋、奶类所含人体必需的氨基酸齐全，营养价值高，应保证供给。大豆的蛋白质也很优良，应给儿童多吃豆腐等豆类制品。注意饮食的科学搭配，如豆类、花生、蔬菜与动物性食物的搭配，可进一步提高蛋白质的营养价值，又可取长补短，增加人体对维生素和矿物质的吸收。

4. 给孩子供给丰富的钙质。

钙是构成骨骼的重要原料。学龄前儿童每天需要钙600毫克，小学生需要800毫克，中学生需要1200毫克。如果食物中钙的供给不足，婴幼儿就会发生软骨病，学龄儿童就很难长高。所以，饮食中要注意供给含钙丰富的食物，如奶类、豆类制品、芝麻酱、海带、虾皮、坚果及绿叶菜等。给幼儿和学龄儿童的食物中添加适量钙质和鱼肝油，对增长身高也有好处。此外，提倡孩子多到户外活动，多晒太阳，因阳光中的紫外线能使皮肤中的脱氢胆固醇转化成维生素，从而有助于钙的吸收。

5. 控制孩子吃零食。

刘敏是学校闻名的零食大王。她一天到晚零食不离口，甚至上课的时候，都会不由自主地将手伸到口袋里摸出一块果脯放到嘴里。一次，学校体检，医生检查出刘敏营养不良。刘敏的妈妈得到消息十分吃惊。以后，再也不敢让刘敏过分地吃零食了，开始对她施行饮食控制。经过半年多的努力，刘敏终于改掉了吃零食的坏习惯。

许多孩子食欲不佳，主要原因在于孩子吃零食太多。大多数零食在口感上比家里做的饭要好，因此，孩子就更喜欢吃零食，这不仅会坏了孩子的胃口，往往使孩子在吃正餐之前就已经吃饱了。久而久之，孩子自然就不会好好吃饭，孩子偏食、挑食等不良习惯的养成也就在所难免。因此，妈妈应该有意识地节制孩子吃零食的数量。

总之，为了使孩子获得身体所需的充足营养，一定要让孩子吃好、吃饱，食谱应注意多样化，注意食物的色、香、味、型和营养搭配，多种食物混合吃，以达到营养元素的互补作用，使身体获得各种必需的营养素。

第41件事 保护孩子的心灵之窗——眼睛

眼睛被喻为"心灵的窗户",它是五官之首,对于人们的工作、学习和生活均至关重要。人人都希望自己有双明亮而有神的眼睛,然而,小学孩子的近视问题却成了许多妈妈的心病。

成刚感觉自己越来越看不清黑板上的字了,他想自己一定是近视了。和几个要好的同学说了自己的情况,同学们都说,他肯定是近视了。一位已经戴上眼镜的同学还很有经验地告诉他,他当初的症状就和成刚一样,如果注意一下,过些日子就会好,但如果没控制好,就要戴眼镜了。又过了一段日子视力没见好转,成刚才将自己看不清黑板的事告诉了妈妈,同时也讲了那位同学的"经验"。成刚妈妈一听着急了,赶紧领着成刚配了一副眼镜。

于是,成刚有了第一副眼镜,当时配的眼镜是75度。一年后,成刚又看不清黑板了,重新配了一个150度的眼镜,半年后近视又发展了,眼镜配到250度,到他小学毕业时,眼镜已达350度。

造成现在小学生大面积近视的原因,一方面与学生迷恋各种电视、电脑游戏有关,另一方面和他们缺乏运动也不无关系。运动量的缺乏不仅导致学生身体素质的全面下降,而且久居室内,视力功能自然会随之衰退。

面对这种情况,妈妈应该对小学孩子的视力问题引起重视。不能只关心孩子的主课成绩,也要关心孩子的视力和健康状况。

● **妈妈应该这样做**

妈妈怎样指导小学孩子培养良好的用眼习惯呢?教育专家指出应做到以下几点:

1. **教育孩子养成良好的卫生习惯,防止眼睛感染。**

妈妈要教育孩子养成良好的卫生习惯,勤洗手,不要用脏手揉眼睛,防止沙尘等物落入眼睛。告诉孩子在细小灰尘落入眼睛时,马上轻轻眨眼,让泪水将灰尘冲出。如有草屑、小虫等落入,应马上闭眼,并求助大人,将上眼皮翻开,然后用干净手绢、脱脂棉等将其擦出或用清水冲洗出。带孩子去水上乐园游玩,要注意水池的水是否达到卫生指标。在夏天,光线过于强烈,要防止孩子的眼睛被紫外线刺伤,在外出时最好给孩子戴上墨镜、遮阳帽等,以保护眼睛。

2. **告诉孩子不要长时间连续看书。**

靓靓十分喜欢看书,但最近妈妈发现靓靓的眼睛总是红红的,还时不时地流泪。经过观察,妈妈发现靓靓最近连续看书的时间特别多,常常连续看书两小时以上。妈妈提醒靓靓说:"女儿啊,看书重要,但眼睛更重要,以后每看半小时书都要注意休息一下,并做做眼保健操或远眺一会儿。"靓靓点了点头。在妈妈的监督下,靓靓改掉了长时间看书的坏习惯,眼睛不再是红红的了。

看书是非常费眼的,孩子神经系统发育不成熟,不能长时间地集中注意力,每次阅读以 30 分钟为宜,最多不要超过一节课的时间。看一段时间后应起立活动一会儿,或向远方眺望,使紧张的眼球和大脑得到缓和。

3. **阅读时应保持正确的坐姿。**

阅读时坐姿要端正,这可使身体重心稳妥地落在坐骨和靠背的支

撑点上,这样可以减轻维持坐姿肌肉的负担。乘车、走路、躺卧时都不宜看书。

4. 阅读时光线和字迹要清楚。

光线太暗,字迹不清,就不得不把书本拿到眼睛前面很近的地方,这就增加了眼睛的调节负担,造成视力过度紧张而易患近视症。在太阳光直射下看书,光线太强,使人感到刺眼眩目、头昏脑涨也不好。最好是光线从左上方射来,这样写字时手不会遮光。

5. 注意营养,养成良好的饮食习惯。

最近,小彤看书总是出现模糊和重影的情况,妈妈带小彤去看医生。医生检查后说:"孩子是因为用眼疲劳,另外还有营养不协调才这样的。"并建议妈妈多给小彤吃些动物肝脏之类的食物补一补。

回家后,妈妈开始监督小彤科学用眼,并经常给小彤做鹅肝汤、牛肝粥等食物。不久,小彤的视力就恢复了。

妈妈在注意孩子全身营养的同时,尤其要注意小学孩子眼睛的营养补充,多吃粗粮,荤素搭配,多吃青菜,不要偏食。如食物中缺乏维生素就容易导致夜盲症和干眼病,食物中缺乏微量元素铬和钙,则容易患近视。适当的饮食有助于治疗眼病。平时可适当进食猪肝、羊肝,少吃辛辣油腻食品,有助于眼睛的保护。专家提出,进食过多的甜食易患近视眼,因此适当控制甜食的摄入量,有利于预防近视。

6. 不要急于给孩子配眼镜。

上五年级的青青发现自己近来看黑板总是出现模糊的现象。她把这种情况告诉了妈妈。妈妈一听就急了,"哎呀,这不是近视吗?那得赶紧配副眼镜!"于是,妈妈领着青青去配了一副眼镜。配眼镜后,青青果然能看清楚黑板上的字了。

一年后,青青从老师那里了解到,近视还有真性近视和假性近视之分。经过回忆，她断定自己以前看不清东西是假性近视。但是当初妈妈早早给自己配了眼镜，现在已经转变成真性近视了。

青青追悔莫及。她将这件事告诉了妈妈，妈妈也非常自责。

妈妈在发现小学孩子近视时，不要急于给孩子配眼镜，要区分孩子是属于真性近视还是假性近视。假性近视，眼球前后径并没有加长，眼球结构也未发生变化，仅仅是生理机能的改变，所以，一般不要戴眼镜。经过及时治疗和注意保护，使睫状肌放松，视力可以恢复正常。如在假性近视阶段不给予重视，继续发展下去，眼球的前后轴变长，这时眼球的结构发生改变，即成为真性近视，就必须戴眼镜来矫正。

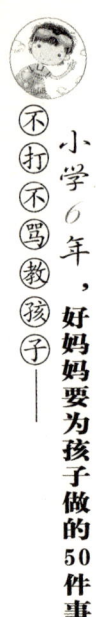

不打不骂教孩子——小学6年,好妈妈要为孩子做的50件事

第42件事 培养孩子良好的作息习惯

教育家陶行知先生说:"好习惯使孩子受益终身。"良好生活习惯的养成,往往就从每天的作息开始。按时作息的良好习惯,不仅可以使孩子身体健康,而且使孩子能够有充分的精力去积极主动地学习。

凡是那些能够按时睡觉、按时起床、按时就餐、按时学习、按时活动的孩子,大多都是身体健康、学习成绩优良、自理能力强的孩子。养成良好的生活习惯,能保持充沛的精力,能让孩子的学习、生活有条不紊,从而缓解压力。

在现实生活中,应该说大多数妈妈都能够注意孩子按时睡眠的习惯的培养。但不可忽视的是,也确实有不少孩子养成了熬夜的习惯。究其原因,有些孩子是因学校布置的家庭作业多,妈妈又要求孩子学琴、练书法、绘画、写日记、背诵等,致使孩子熬夜;有些是因为妈妈每天晚上带头看电视,子女也跟着看,直到看到"祝你晚安";有些则是因为妈妈习惯睡前让孩子背诗、讲故事、背诵外语单词,要求孩子躺在床上对一天所学习的功课"过电影",造成孩子大脑兴奋,不能按时入睡。所有这些使孩子熬夜的原因,都是不符合科学要求的,对孩子的健康和成长都极为有害。

现在,不少妈妈很重视培养孩子的学习习惯、卫生习惯,但往往不注意培养孩子良好的作息习惯。孩子不能按时作息,往往影响孩子的睡眠,而睡眠是人体恢复精力和体力的必要条件,是人的生命活动的一个有机组成部分。对孩子来说,养成按时睡觉、早睡早起的习惯对孩子的学习和生活都十分有利。

● 妈妈应该这样做

为了成长中的孩子的健康,妈妈们一定要注意培养孩子按时作息、保证充足睡眠的习惯。

1. **妈妈要以身作则**。

梁艺的妈妈是个电视迷,每天晚上都看到深夜。妈妈看电视,梁艺也从旁边陪着看。有时候,梁艺实在困了,可是依然被电视吵得睡不着觉。如此,久而久之,梁艺就养成了在上课的时候睡觉的习惯。

开始,她还瞒着妈妈。后来,妈妈知道了,非常自责。妈妈说:"孩子,是妈妈不好,妈妈没能给你带个好头,影响了你睡觉。以后,妈妈再也不会看电视看到深夜了。"果然,从那天起,妈妈改掉了看电视到深夜的毛病。梁艺的睡眠得到了保障,她上课再也不睡觉了,同时从心里她也更加尊敬妈妈了。

如果妈妈自己的睡觉时间少于 8 小时,那么让孩子按时入睡就会很困难。所以专家建议女性从做妈妈的第一天起,就建立正确的睡眠习惯。这样,到了每天睡觉的时候,孩子就会产生倦意,并且意识到睡觉的时间到了,重要的是把这个睡眠习惯坚持下去,不要由于环境的变化或别的什么原因而加以改变。孩子随着不断成长,对睡眠的需求也在不断变化。孩子的睡眠时间随着年龄的增长而逐渐减少,妈妈应根据孩子睡眠时间的客观变化,相应调整作息时间。

2. **帮助孩子制订作息表**。

森森从小习惯了早睡早起,雷打不动地九点睡,六点起。所以,

入学后从来不用大人叫醒,也不用催着上床。她平时并不多用功,学习上也只是上课认真听讲、下课认真完成作业,但每天早上起床后读会儿书,间或练习语文、英语,妈妈也不去问,她的成绩一直很好,基础也很扎实。森森之所以这样优秀,与妈妈从小培养她规律的作息时间有着密不可分的关系。

下面是森森平时的作息时间表及学习安排:

周一至周五:

6:15 起床 洗漱

6:30 读书 背诵一篇课文

7:00 吃早饭

7:25 检查书包 上学

12:00 吃午饭

12:30 自由活动半小时

13:30 检查作业、书包

16:40 写作业

17:30 把早上阅读的文章练习题做完

18:00 吃晚饭

18:30 读书半小时 看电视半小时

20:00 合上书本,回忆全天学过的内容

20:50 洗漱 睡觉

周六:

7:00 起床 洗漱

8:30 写作业 检查一周作业

15:00 复习一周学习过的内容

16:00 做数学练习题二十分钟

17:00 自由支配时间

21:10 洗漱 睡觉

周日：

7:00 起床 洗漱

全天自由支配

20:50 洗漱 睡觉

孩子在开学时往往会感到不适应的就是作息制度。妈妈要根据学校要求和季节变化，有意识地培养小学孩子的良好作息习惯。为孩子安排一个家庭学习生活的作息时间表，讲明早上按时起床、晚上按时入睡的重要性，并每日督促检查，帮助他形成良好的作息习惯。这样，才能保证孩子不仅睡眠充足，而且有时间吃好早餐，上学不迟到，能精力充沛地投入学习。

3. 让孩子按时睡觉。

一旦给孩子规定好上床睡觉的时间就轻易不要改变，即使这时爸爸刚好进家门或者叔叔来做客也不要允许孩子多呆。睡觉时间越明确，孩子就越容易按时去睡觉。但不要把"天黑了"当做孩子上床睡觉的标准，因为夏天白天很长，这种说法会引起麻烦。孩子们喜欢预先知道下一步要做什么，所以固定的睡觉准备活动就会使孩子想到上床睡觉的时间要到了。

4. 让孩子按时起床。

莉莉现在上小学，随着天气转凉，妈妈发现她越来越赖床了，每天早早喊醒她，她却拖拖拉拉不想起床。

为了让莉莉按时起床，妈妈做了一些前期的准备工作，比如给莉莉盖的被子，不是一床而是两个，里边盖的是一床非常薄的被子，外面搭一个小毯子。早晨妈妈起来的时候，就把莉莉的小毯子撤掉，这样被窝不是非常暖和，莉莉就容易醒。

再有就是妈妈先把灯打开。先开暗一些的灯，再开卧室里的大灯，灯光就像太阳一样照着莉莉，莉莉也容易醒来。

第三就是等灯光照了莉莉一会儿后，妈妈就轻轻抚摸莉莉的脊背和四肢，小声地叫莉莉的名字，同时讲一讲有趣的事，帮助莉莉尽快清醒。

经过妈妈的一番努力，莉莉改掉了赖床的毛病。

早晨叫孩子起床也是有学问的。孩子这个生活习惯的培养，不是一个月、一个学期就可以掌握的，有时甚至需要一年甚至两年的时间，所以妈妈要帮助孩子建立起合理的生物钟，让早晨起床的良好习惯"内化"为孩子下意识的行动。

为了保证小学孩子养成良好的作息习惯，保证有足够的睡眠，妈妈们应该注意以下几点：

每晚9点左右就让孩子做好睡前准备工作，准时上床睡觉。如让孩子去阳台呼吸新鲜空气、深呼吸、刷牙洗脚、静坐一会儿使身心放松等。

要抑制刺激，如睡前不要看电视、电影、书籍，不要打骂训斥孩子，不要强迫孩子做不愿做的事等。

入睡前不要让孩子吃夜宵，不要饮浓茶、咖啡、饮料和吃巧克力；晚饭不要吃得过饱，可以吃一些含有氨基酸的食物。

要有一个舒适安静的环境，床铺要符合孩子的要求，不要亮着灯睡，可播放催眠曲，培养孩子按时上床、上床后立即入睡的良好习惯。不会休息，就不会学习，妈妈应让小学孩子明白早睡早起的好处。应该给孩子创造平安、宁静、温馨和舒适的就寝环境。

第43件事　让孩子做个干净清洁的小孩

孩子的清洁卫生看起来是一件微不足道的小事,往往却反映出孩子的精神面貌和生活情趣。同时,良好的卫生习惯,还是保证孩子身体健康的必要条件。因此,妈妈应该帮助孩子养成讲究卫生的好习惯。

袁小锋似乎很怕洗澡。

"该去洗澡了!"每回妈妈闻到儿子身上的汗味,就忍不住要说他。

"好吧,睡觉前我会去洗。"袁小锋顺从地回答。可是,从浴室出来,袁小锋的头发湿了,脏衣服也换成睡衣了,那股味道却仍然留在身上。

"你闻起来和你洗澡前没两样。你确定你洗过了吗?"妈妈大声质疑他。

"当然洗了呀!"袁小锋赶紧离开,丢下一句肯定的回答。

后来妈妈发现,儿子似乎不知道该如何洗澡。于是,她决定要给他上一堂洗澡课。

第二天晚上,妈妈把袁小锋叫到跟前。妈妈说:"袁小锋,我知道你宁愿做很多事情也不要洗澡。可是你要知道,保持清洁是一件很重要的事。所以我想了一个简单的法子,可以帮你保持清洁。从今天开始,每天晚上睡觉前,你必须洗澡。洗好后,我会检查,如果洗得

很干净,就有点数当奖励。点数越多,你可以选择的特殊待遇就越多,例如,可以晚睡或是多看半个小时电视。可是,如果洗得不干净,你就得回去重洗,一直洗到干净为止。知道吗?"

"我知道。"袁小锋把内容又简述了一遍。

当天晚上,袁小锋洗好澡后去给妈妈检查。他的头发是湿的,可是没有洗发精的味道。妈妈脱下袁小锋的上衣,搓搓他的肚皮,有一层黏腻的污垢。

"看来我得陪你回浴室再洗一遍。"妈妈说完,带着袁小锋回到浴室。

这一次,袁小锋左搓右揉了好一阵子。当他离开浴室时,彻底干净了。妈妈赞许了他一番。第二天,情况没变,袁小锋洗了两次澡。第三天,袁小锋终于一次就清洁彻底,通过了妈妈的检查,赢得他第一次的点数。他选择要延迟15分钟上床。全身干净清爽的感觉真好,能和妈妈一起多看15分钟的电视更棒。

渐渐地,洗澡不再是做苦工,反而变成了袁小锋享受生活的一种方式。

如果一个人的衣食住行一塌糊涂,特别不注重个人卫生,他的精神面貌肯定很差,更谈不上什么精神升华。衣冠不整,精神上也必然散漫。

● 妈妈应该这样做

培养小学孩子养成良好的卫生习惯是件平凡而细致的工作。妈妈要持之以恒,坚持一贯地严格要求孩子,要运用示范、讲解、提示、练习等方法,给孩子以具体的指导和帮助。

那么,怎样帮助孩子养成讲究个人卫生的习惯呢?家庭教育专家对妈妈们提出了如下建议:

1. 讲究卫生，妈妈要以身作则。

刘吉是个不爱卫生的小男孩，整天穿得邋里邋遢，浑身散发着汗馊味。在学校，同学们都不愿意跟他玩。老师为这件事专门到刘吉家里去进行家访。一进刘吉的家门，看到精神颓废的刘吉妈妈时，老师忽然便明白他为什么会这样了。

原来，刘吉的爸爸很早就去世了。生活的重担落在了他妈妈一个人肩上。妈妈每天天不亮就要到市场卖菜，根本无暇整理自己的形象，也没时间打理儿子的形象。

妈妈必须做好表率。如果孩子周围的成人不能自觉遵守卫生规则，那么要纠正孩子的不讲究卫生的习惯就非常困难了。妈妈应向孩子示范，梳洗打扮时允许孩子在一旁观看，学习如何保持仪容的整洁。

2. 教导孩子养成梳洗的生活规律。

7岁的轩轩是个干净、卫生的孩子。每天早晨起床之后，不用妈妈催促，她就主动洗脸、刷牙。每天晚上，轩轩还主动自己洗脚、洗澡。然后，她才上床睡觉。

轩轩之所以养成勤于梳洗的生活规律，是与妈妈的训练分不开的。妈妈从轩轩3岁就开始对她进行自己梳洗习惯的培养。至今，她已经养成这种习惯四年了。

自小教导孩子将洗脸、刷牙、洗澡等工作当成生活作息的必需部分，孩子自然会养成习惯。例如，如果允许孩子有时候不用洗澡，他会混淆，不确定该不该、需不需要洗，请他去洗澡时，他也可能不顺从、有意见。而一旦让孩子养成洗澡的生活规律，孩子就会自己去洗澡，就不用父母来催促了。

3. 给孩子制定具体的卫生规则。

小东家的墙上贴有一张"卫生规则"。这张规则是妈妈和小东一

起制订的。上面规定了全家人都要遵守的卫生要求。这张规则不仅小东要遵守,妈妈和爸爸也要遵守。

和小学孩子共同制订具体的卫生规则,并向他讲明这些规则的意义,甚至可以将这些规则以标语的形式张贴在墙上。例如:不掉饭粒、饭前洗手、饭后擦嘴、吃水果要洗净,等等。这样可以时时提醒孩子遵守卫生规则。

4. 坚持清洁工作的持续进行。

妈妈要让孩子了解,有些要求是没有商量余地的。例如,如果家里的规定是每天都要洗澡,不管孩子怎么要求、怎么吵闹,都不可以让步;或者可以和他谈条件:"好,我知道你不想洗澡,可是你知道我们的约定,要等你洗完澡才可以听故事。你自己决定要怎么做。"

5. 检查孩子是否完成清洁工作。

妈妈要求王玲饭前便后要洗手,王玲总是记不住。对此,妈妈跟王玲约定:"从此以后,由我来监督你,如果我发现你一次忘记洗手,那你晚上的动画片就不能看了。"王玲同意了。当天晚上,妈妈就发现王玲便后没有洗手。之后,王玲又被妈妈发现了几次。每次,都被惩罚不能看心爱的动画片。在妈妈的监督下,渐渐地,王玲有了饭前便后自觉洗手的意识,并养成了习惯。

培养小学孩子良好的卫生习惯,妈妈不妨制订一些规则,要全家人遵守。另外,注意不要用责备的语言,而是以实际行动来感染和影响孩子。

第44件事　教导孩子做时间的主人

"时间就是生命","时间就是效率","时间就是金钱","一寸光阴一寸金，寸金难买寸光阴"，诸如此类的描述我们每个人都可以脱口而出。对待时间的方式，可以决定我们的命运，并且结果会显示出巨大的不同。

时间伴随着我们的一生，我们可以自由支配。然而我们当中的很多人都忽视了时间的存在。我们需要做的是学会管理好自己的时间：我们无法阻止时间的流逝，但是我们可以利用时间。我们要成为时间的主人，而不是成为时间的奴隶。

鲁迅说："时间，每天得到的都是二十四小时，可是一天的时间给勤勉的人带来智慧和力量，给懒散的人只留下一片悔恨。"因此，每个妈妈都应该教孩子学会珍惜时间、合理利用时间，从而不虚度自己的一生。

爱迪生一生只上过三个月的小学，他的学问是靠母亲的教导和自修得来的。他的成功，应该归功于母亲自小对他的谅解与耐心的教导，使原来被人认为是低能儿的爱迪生，长大后成为举世闻名的"发明大王"。

"最大的浪费莫过于浪费时间了。"爱迪生常对助手说，"人生太短暂了，要多想办法，用极少的时间办更多的事情。"

一天,爱迪生在实验室里工作,他递给助手一个没上灯口的空玻璃灯泡,说:"你量量灯泡的容量。"他又低头工作了。

过了好半天,他问:"容量多少?"他没听见回答,转头看见助手拿着软尺在测量灯泡的周长、斜度,并拿了测得的数字伏在桌上计算。他说:"时间,时间,怎么费那么多的时间呢?"

爱迪生走过来,拿起那个空灯泡,向里面斟满了水,交给助手,说:"里面的水倒在量杯里,马上告诉我它的容量。"

助手立刻读出了数字。爱迪生说:"这是多么容易的测量方法啊,它又准确,又节省时间,你怎么想不到呢?还去算,那岂不是白白地浪费时间吗?"助手的脸红了。

爱迪生喃喃地说:"人生太短暂了,太短暂了,要节省时间,多做事情啊!"

古诗云:"少年易老学难成,一寸光阴不可轻。未觉池塘春草梦,阶前梧叶已秋声。"人一生中学习知识的黄金时期是6~25岁。这20年如果用天来计算,仅为7300天。一生的命运如何、成就大小,很大程度上取决于这段时间如何利用。而人又多是"少壮轻年月,迟暮惜光阴",这就往往造成人生的悲剧。妈妈想要孩子在有生之年学有所成,就应该让孩子珍惜并科学地利用每一天的时间。

每个人都没有理由不严格遵守时间,而对于正在学习的孩子来说,能否安排好时间,与他的学习效率有很大的关系。那些不会珍惜时间或安排时间不合理的孩子,往往缺少自我控制的能力,缺乏不断前进的动力。妈妈在早期教育中培养孩子的时间观念,就等于给了孩子知识、力量、聪明和美好的开端。因为善于利用自己时间的人,是最能出成绩的人,将会获得高效率的办事结果,其人生也会因此而改变。

由于小学孩子的时间观念不强,他们往往不能按事情的轻重缓急来安排时间,而是凭自己的兴趣来安排时间,结果不但造成了不必要的时间浪费,而且还会影响处理其他许多事情。因此,妈妈有责任帮助不会合理安排和利用时间的孩子养成一种良好的习惯。

● 妈妈应该这样做

1. 帮孩子认识时间的价值。

为了让萍萍珍惜时间,妈妈总是给萍萍讲一些古往今来的成功人士珍惜时间的故事,妈妈还在萍萍的卧室里张贴一些名言警句。此外,妈妈还与萍萍一起讨论磨蹭的害处。在妈妈的指导下,萍萍很小就明白了磨蹭会贻害终生,并养成了科学安排时间的习惯。

培养时间意识对磨蹭的小学孩子来说是至关重要的。妈妈要想办法使孩子认识到时间是世界上最宝贵的财富,要想办法让孩子明白珍惜时间就是珍惜生命的道理。

2. 让孩子做事要讲究效率。

妈妈要教育孩子充分利用每一分钟,要让他懂得讲究效率时间变长、不讲效率时间变短的道理。聪明的做法应该是:脑力、体力最充沛的时候,选择最重要又最费脑力和体力的事情;体力差时,做些费脑力的事情;脑子疲劳时,选择专用体力的活,这时反而能使脑子得到休息;整块时间干件大事,一气呵成,干出个结果。集中时间,专心致志,往往会得到事半功倍的效果。专门安排一个时间整批解决零散问题,因为对一些零散的小问题,急于专门为它拿出时间去完成,容易打乱别的事情,但是如果总是不做,也会误事。解决的办法是来个零存整取,把零散的问题留下来,专门花时间来整批解决这些零散问题,来个快刀斩乱麻。

3. 帮孩子养成良好的作息规律。

上五年级的柳柳两年前就养成了规律作息的习惯。对于柳柳这个

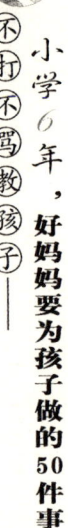

习惯的养成，妈妈功不可没。以前柳柳作息不规律，不仅影响了学习成绩，还影响了健康。妈妈才下定决心，要培养柳柳规律作息的习惯。妈妈和柳柳一起制订了作息时间表，什么时间起床、洗漱要多长时间、吃早餐要多长时间、放学后先做什么、然后做什么、几点睡觉等，都跟柳柳商量，然后做出了合理的安排。

良好的作息习惯是养成时间观念的前提。小学孩子一般体会不到时间的规律性，妈妈一定要坚持让孩子养成有规律的作息习惯。只有把作息时间固定下来，形成习惯，孩子才能形成良好的时间观念。

4. 纠正孩子磨蹭的坏习惯。

孩子只有在体会到磨蹭会给自己带来损失之后，他才能够自觉地快起来，因此，让小学孩子为自己的磨蹭付出代价，让孩子自己去品尝磨蹭的自然后果，不失为一个改掉孩子磨蹭毛病的好方法。比方说孩子早晨起床后磨磨蹭蹭的，妈妈不要急，也不要去帮他，可以提醒孩子一下"再不快点可要迟到了"，如果他依然在那里磨磨蹭蹭的，不妨任由他去，不必担心孩子上学会迟到。其实我们恰恰就是要让孩子亲身体验上学迟到的后果，孩子如果真的迟到了，老师肯定会询问他迟到的原因，孩子挨了批评后，就会认识到磨蹭给自己带来的害处，几次以后孩子自然就会自己加快速度。

生命是以时间为单位的。浪费别人的时间等于谋财害命，浪费自己的时间等于慢性自杀。树枯了，有再绿的时候；花谢了，有再开的时候；可时间过去了，就没有补救的机会了。妈妈教会孩子珍惜时间，就等于帮孩子把握住了未来。

第45件事　教孩子树立正确的金钱观

金钱是什么？金钱意味着什么？有人说它使人贪婪无度，有人说它让人丰衣足食，有人说它是一种改善自己和他人生活的工具。面对这纷繁复杂的世界，该如何帮助自己的孩子树立一种正确的金钱观呢？

金钱观就是对金钱的认识、分配与使用方法的思考与行为模式。如果妈妈较早时能多给予孩子一些正面的教育与示范，就能帮助孩子在未来处理涉及金钱的事务上，奠定一个良好的习惯。

金钱观分成两个部分，一个是使用的时机与方法，一个是对金钱处理的看法和态度。常言说，由俭入奢易，由奢入俭难，正是一般人忽略对金钱观的认知所造成的影响。

叶照言是工行金融理财师。她上六年级的儿子从小花钱大手大脚，压岁钱、零花钱不是用来买零食就是上网吧。2007年，叶照言买了一个存钱罐，监督儿子存钱，但是一个星期前儿子打碎存钱罐，取走了积攒一年多的积蓄，还振振有词地说存款贬值，不如花掉。叶照言忍无可忍，将儿子教训了一顿。

叶照言有一次上电视作理财讲座，她根据大盘指数短期波动、长期向上的特点，重点介绍了指数基金做定投的优势。看完节目后，儿子一脸严肃地走到叶照言面前，向叶照言保证，以后再也

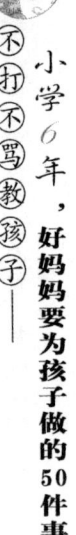

不乱花钱了，想要省钱做基金定投。面对儿子突如其来的转变，叶照言特别激动，答应他只要他每月的零花钱能节省100元，叶照言就再拿出400元，帮儿子做好每月500元的基金定投。

转眼间，基金定投已经做了5个月了。为了每个月省出100元的零花钱，儿子连零食都很少吃了，原本过于肥胖的身体明显瘦了，外出上网的次数也越来越少，网游基本上不玩了，学习成绩也有了进步。他说，要通过自己的努力为自己大学毕业后的创业积累资金。看到儿子可喜的变化，叶照言的郁闷一扫而光，母子关系也变得越来越好。

什么是正确的金钱观？是贪图富贵、挥金如土？还是只挣不花、做守财奴？妈妈首先应该弄清自己的金钱观，否则无法成功地教导孩子。

孩子因为擅于模仿，所以妈妈的一举一动，无不深深地影响着孩子。举例来说，由于现今许多的独生子女在家里备受宠爱，妈妈常常有求必应，造成子女对金钱观与物欲的混乱；妈妈往往认为能给孩子就多给孩子，却忽略孩子是不是适合或真正有需求。

有关专家指出，妈妈完全能够教会孩子具有经济头脑，也能够训练孩子养成良好的理财习惯，而且这类教育宜早不宜迟。受到良好金钱观教育的孩子长大成人后才能对金钱抱有正常的心态，才有能力处理好人与金钱的关系。

● 妈妈应该这样做

教会孩子正确对待金钱，妈妈要培养孩子如下的金钱观：

1. 金钱是生活的重要部分。

妈妈应该让孩子知道，钱不是天上掉下来的，不是树上长出来的，而是工作换来的。这样，孩子也会逐渐明白工作的价值。过去，不少妈妈在孩子提出金钱方面的问题时，经常感觉难以回答，或者顾左右而言他。其实，小学孩子是有足够的理解力的，他们也有权利了解社会运转的这一机制，只要我们成年人坦然地用他们能够理解的语言解释给他们听。

2. 知道金钱来之不易。

在让孩子觉得富足的同时，有必要让孩子知道妈妈"赚钱"的辛苦，懂得"金钱来之不易"的道理。在用钱时要知道节省，把钱用到该用的地方，不能乱花钱。

3. 懂得金钱不是万能的。

钱作为市场交易的一种手段，不是万能的。纯洁的友谊、个人的能力、家庭的幸福……很多时候，钱是不能解决问题的。

4. 了解必要的金融知识。

皮皮的妈妈是会计师，经常炒股，时不时还能小赚一把。看到妈妈赚了钱，皮皮也想学炒股。妈妈答应了皮皮，不过妈妈要求皮皮先学习，以后再炒股。皮皮答应了，妈妈就将基础的理财、投资和炒股知识编成了20节课程，给皮皮上课。在皮皮掌握了这些基础知识之后，妈妈还给皮皮开了个银行账户，准备让皮皮参与炒股实践。

很多妈妈认为孩子还小，接触理财这么成人的话题还太早。其实这完全是一种误解，现在是商品社会，孩子不可避免地要与金钱打交道。如何培养一个在经济上有责任感的孩子，是每个家庭面临的一个新课题。妈妈应该从小就让孩子树立正确的金钱观念、了解基本的金融知识，从而养成良好的消费习惯，为以后的生活打好基础。

5. 学会自己管理零花钱。

让孩子自己管理一点钱,也可以培养孩子的主动性,从小学会利用资源,更好地实现人生目的。我们过去的文化传统更强调教育上的指导能力,却忽略了个人的能动性。给孩子一点资源让他在一定范围内支配,能够培养孩子的这种能动性。

第46件事 大胆放手,别让孩子过分依赖

我国著名教育学家陈鹤琴先生曾说过:"凡孩子自己能够做到的,应该让他自己去做;凡孩子自己能够想到的,应该让他自己去想。"这是一句符合教育规律的至理名言。作为妈妈,你是否觉得孩子太依赖大人呢?早晨起来被子不叠、吃完了饭碗筷不刷,甚至忘了带某种学习用具也怪大人没有提醒,诸如此类的现象在许多家庭司空见惯。据调查发现,独生子女认为自己"有责任心"的仅占45.9%,认为自己"做事有独立性不依赖他人"的仅占40.3%。也就是说,半数以上的独生子女依赖性较强。

由于生活条件的改善,父母过多的包办和娇惯,很多孩子在学习与生活上依赖性极强。他们每天写完作业,需要妈妈逐题、逐字地检查;他们第二天要用的学习用具,需要妈妈逐样地准备;他们卧室的床铺,需要妈妈去整理;他们的手绢、袜子,需要妈妈帮助洗净。他们离开妈妈似乎寸步难行,这就是造成孩子依赖的原因。解决的办法是唯一的,也是十分有效的,那就是培养孩子的独立能力。

2006年7月10日,河南省的一位青年学生从6楼阳台跳下身亡,他就是某名牌大学计算机专业的学生邱东东。在别人眼里,邱东东一直很优秀。从小学到高中,学习成绩一直排在最前面,每次考完试,他都会问老师:"这次考试谁是第二?"因为他很自信,第一名肯定是

属于他的。如此出众的学生,自然深得老师的称赞、妈妈的厚爱。为了邱东东能够集中精力学习,妈妈可谓是操尽了心。

除学习以外的任何事情,妈妈都会代替邱东东去干:吃饭时,妈妈会及时地把饭端到邱东东的手边;衣服脏了,当然也是妈妈的事;笔记本用没了,也是妈妈亲自去买。到了高中毕业,邱东东连自己的袜子都未曾洗过,他习惯了饭来张口、衣来伸手的生活,而且有时还为自己的这种生活而沾沾自喜。事实上,到了十七八岁,早应具备洗衣、做饭这些最基本的生活技能,但邱东东和别的孩子不一样,他没能培养起这些能力。

2005年7月,邱东东参加高考,他以全县第一、全省第二的优异成绩,考取了北京某名牌大学,那是他梦寐以求的学校。这一喜讯,给家里带来了前所未有的欢乐,亲朋好友们无不夸邱东东聪明。

同年的9月,邱东东和其他刚入学的学生一样,无比兴奋地来到了首都北京。然而大学生活开始不久,邱东东就表现出了困惑,他不会买饭,不会洗衣,甚至经常找不到上课的教室,不知道该如何和同学相处。虽然好心的同学也在不断地帮助邱东东,但还是难以解决他的适应问题,这令邱东东万分苦恼。无奈之际,他只好提出了休学,学校根据他入学以后的表现也同意了。

第二年的7月份,学校及时地寄去了复学通知。收到通知的邱东东,没有丝毫的兴奋,反而无比恐惧,他害怕再次离开妈妈,他担心自己依然不能适应学校的生活,在这种思想的驱使下,他便从6楼阳台跳下,结束了年轻的生命。

邱东东的事例不能不引起我们的反思,在教育孩子的过程中,妈妈是否也有意无意地包办了孩子许多力所能及的事情,在重视孩子学习成绩的同时,是否忽略了培养孩子的生活能力?

许多情况下,妈妈的过分照顾、担心和保护,成了孩子的沉重负担。因为怕摔着,孩子十多岁了,还不让学骑自行车。特别是许多母亲,孩子一离开自己的视线,就会想象出各种危险可怕的情景:一会儿在路上让汽车撞了,一会儿游泳给水呛了。总之,一百个不放心。古人说,世上不会有怕孩子摔跤而不让孩子学走路的妈妈。然而,现在真有不少因噎废食的妈妈。因为怕孩子碰着、撞着,怕车祸,怕走失,于是给孩子设置了许多禁区,不许摸电器,不让碰炉灶,老大不小了,还不许单独外出,已经上中学了不许单独坐公交车,不许自己去公园,等等。

在过度保护中长大的孩子,往往会优柔寡断,胆小怕事,没有独立自主、勇敢面对困难的精神,也缺乏独立自主处理实际事务的能力。

● 妈妈应该这样做

让小学孩子由依赖变得自立,妈妈应从以下几方面做起:

1. 让孩子做力所能及的事。

萧萧读幼儿园时,妈妈就要求她把自己玩过的玩具收拾好。由于爸爸在外地工作,每天下班后妈妈才买菜做饭,看着妈妈忙里忙外地做事,萧萧总觉得很有兴趣,总想帮着干点什么。妈妈也因势利导地教她擦桌子、拿碗筷、扫地等,虽然做得不是很利索,但通过慢慢的引导鼓励,到读学前班的时候,萧萧已学会了用电饭煲煮饭、收衣服等简单的家务事。现在萧萧已经读五年级了,每天下午要是放学早的话她就会去收叠衣服、浇花,经常饭后洗碗,有时也会拖地。

家庭教育的目的不是让孩子过上舒适安逸的生活,而是要培养孩子各方面的能力。所以,妈妈要转变观念,从小就开始培养孩子自立、自主的精神,孩子的生活起居,能放手的就不要包办。

2. 提出的要求应和孩子的能力相符。

在培养小学孩子动手能力的时候,要按孩子的年龄、能力的发展

程度对孩子提出适当的要求。如果要求过高、难度过大，会使孩子产生畏难情绪、自卑心理，要求过低又不能激发孩子的兴趣。事实上，在儿童时期，伴随着孩子生理的发展，他们的肢体活动能力增强，相应地，自主性也开始发展，独立性逐渐增强，这时是妈妈帮助孩子形成良好习惯的最佳时期。妈妈要坚持给孩子提出一些要求让他们自己完成。当孩子看到自己真的完成了许多事，他们的自信心和责任感便会增强，从而减少对妈妈的依赖心理。

3. 改变孩子已形成的依赖心理。

果果每天早上的起床问题让妈妈费不少心思，妈妈一次又一次地叫果果起床，可果果总赖在床上不起。一旦迟到了，他反而会责怪妈妈没有及时把他从床上拉起来。面对这样的情况，妈妈就对果果说："上学是你自己的事，晚上睡觉时上好闹钟，早晨自己起床，没有人再叫你了，迟到了由自己来负责。"第二天，闹钟一响，果果立即跳下了床。

这位妈妈很了解自己的孩子，运用一个小技巧，就很轻松地改变了孩子的依赖心理，她的做法也是值得我们借鉴的。妈妈一旦发现孩子有依赖性，就必须及时地给予纠正。首先要了解孩子依赖心理形成的原因，以此为基础，使用一定的策略也是非常必要的。

4. 让孩子自己安排和自己负责。

每次带孩子出门玩，可以让孩子想想要带什么，几次提醒，孩子便主动想起要戴好帽子或穿好外套。孩子会表达、会思考以后，可让孩子试着安排一下今天到哪里玩，准备做些什么，并帮助孩子分析这样做的优劣和可能性。当孩子要带东西出去而忘记带或把带出去的东西忘在外面而生气发脾气时，妈妈千万不能自揽责任包办代替，而要让孩子意识到自己想做的事自己应该安排好，并且学着负责到底。

第47件事　让孩子尝尝生活的苦头

困难和挫折，对于成长中的孩子来说，是一所最好的大学。一个人，如果他没有经历过困难和挫折，就品味不到成功的喜悦，就永远感受不到什么叫幸福。

在人生的道路上，我们常会遇到挫折。所谓挫折，就是俗话说的"碰钉子"，是指人们在某种动机的推动下，在实现目标的活动中遇到了障碍和干扰，使其需要或动机不能获得满足时，所产生的紧张状态和消极的情绪。在日常生活、学习、工作中，遇到挫折是在所难免的。孩子由于幼稚，缺乏经验，所受的挫折会更多些。

挫折既是好事，又是坏事。它一方面给人以教益，磨炼人的意志，使人更加成熟、坚强；另一方面，挫折会使某些人消极、颓废，从此一蹶不振，或引起粗暴、消极的对抗行为，导致矛盾激化，造成不必要的伤害和损失。所以，认识挫折的成因，帮助孩子正确对待挫折，培养孩子对待挫折的能力，应该引起妈妈足够的重视。

从教育的视角看，挫折是一种珍贵的资源，也是一种人生的财富。因此，妈妈应当更新教育观念，加强对小学孩子的挫折教育，努力培养孩子承受挫折的能力。

陈超是个五年级的男孩，妈妈非常注意对他的挫折教育。妈妈经常向陈超讲述一些名人在挫折中成长并获得成功的事例，让陈超以这

些名人做榜样,不畏挫折。同时,在日常生活中,妈妈还抓住一切机会,让陈超品尝生活的苦头,以实际的体验来增强陈超的抗挫能力。

一次,妈妈提醒过陈超:"天气预报说了,明天会有雨。"并将雨伞放到了陈超的床头。但陈超第二天上学的时候忘了。妈妈看着陈超没带雨伞出门了,却故意不提醒他。等到中午放学的时候,天上下起了瓢泼大雨,妈妈也不去学校给陈超送雨伞。结果陈超被淋成了落汤鸡。吃过这次苦头后,陈超改掉了粗心大意、丢三落四的坏毛病。

还有一次,妈妈带陈超去爬山。山坡非常陡峭,陈超力气小,还背着个大包。他以渴望的眼神看着妈妈,希望妈妈拉他一把,或者帮他接过去背包。可是,妈妈丢下一句:"自己的东西自己背。"就自己往前走了,将陈超一个人远远地丢在后面。等到陈超慢慢地爬到山顶的时候,妈妈已经观赏完风景,要下来了。

另外,妈妈对陈超从不娇生惯养,而是让他和爸爸妈妈一起承担家务。陈超负责的家务有:洗碗、扫地、擦桌子。

在妈妈的"吃苦"训练下,陈超非常坚强,他的身体非常棒,参加全校的长跑拿过冠军,而且学习成绩一直名列前茅,还常常获得年级第一名。

当今的孩子大多是独生子女,他们往往成为家庭的中心,是家中的"小皇帝"、"小公主",妈妈对他们宠爱有加、万般呵护,使他们在家中养成了任性、骄横的不良习惯,几乎受不得一点委屈,一旦遇到挫折,便心灰意冷,甚至产生不良的行为反应。试想如此下去,怎能面对越来越激烈的社会竞争呢?

教育专家指出:让孩子适当受点挫折教育,对他们的一生都会有益。由此可见,对孩子进行挫折教育对现代家庭来说,是十分必要的。因此,妈妈要对孩子实施挫折教育。

● 妈妈应该这样做

1. 培养孩子对待挫折的正确态度。

孩子对周围的人和事物的态度常常是不稳定的，易受情绪等因素的影响，在碰到困难和失败时，他们往往会产生消极情绪，不能以正确的态度对待失败和挫折。这时，妈妈要有意识地将小学孩子的失败作为教育的契机，引导孩子重新鼓起勇气，大胆自信地再次尝试，同时，还应让孩子明白，人人都可能遇到困难和挫折，而困难和挫折是可以克服的。妈妈要教育孩子敢于面对困难和挫折，树立战胜困难和挫折的勇气和自信心，提高克服困难和抗挫折的能力。

2. 提高孩子对挫折的心理承受力。

谦谦非常喜欢画画，而且画得也不错，花鸟鱼虫样样画得像模像样，还获得过几次学校画展的一等奖。邻居和老师都经常夸他，他也以自己的画画特长为荣，他立志要做一个伟大的画家。

一次，谦谦看到一个省级的小学生绘画大赛的启事，就鼓足勇气画了一张《风荷图》去参赛。谦谦对自己的《风荷图》十分满意，满以为一定会获得个省级大奖，没想到却连预赛都没有进入。为此谦谦闷闷不乐，一个人躲在屋子里不肯吃饭，而且哭着告诉妈妈："以后我再也不画画了！"

妈妈没有安慰谦谦，而是严厉地批评了他，说他是"胆小鬼"，并告诉他"山外有山，人外有人"的道理，让他鼓足勇气面对现实，以继续发奋图强。听了妈妈的批评，谦谦很惭愧，心想：这点挫折我都承受不了，还想成为什么大画家啊？

孩子在遇到困难和失败时，往往会产生消极情绪，表现出畏缩、退却、逃避等行为，因此，作为妈妈就应该在平时有意识地设计一些

有一定难度的、跳一跳就能够达到的任务，让孩子去完成。在孩子遇到困难退却、逃避的时候可以有一些批评，以提高孩子的心理承受能力，而不是因为不忍心、舍不得孩子受委屈，就不愿意对孩子的行为作出正确的评价。当然，在孩子承受挫折的时候，妈妈还是需要给孩子适当的鼓励，给他们面对挫折的勇气。

3. 激发孩子勇敢面对挫折的自信心。

让孩子适当接受挫折教育并不是什么坏事，但是一味地让孩子受挫折，而不去进行引导，对孩子而言则是弊大于利的，因为一个人受挫时，无论是心理还是情绪，都会波动很大，会产生消极、抵触甚至对抗的情绪，此时妈妈要进行耐心正确的引导，及时鼓励、肯定孩子，提醒孩子从不同的角度去尝试，会收到不同的效果。在孩子处理问题的过程中，妈妈还要及时帮孩子分析受挫折的原因，激发孩子战胜困难的信心，从而使孩子的各种能力全面发展。

4. 培养孩子遭受挫折的应变能力。

让孩子学会承受各种解决不了的挫折，如考试不及格，只有通过以后努力变为及格；遇见通过最大努力仍解决不了的困难，应找最贴心的人谈心；遇见当时解决不了的挫折，应调换时机或调节情感等。为此在遇到挫折后，不应惊慌失措、束手无策，而应做出正确的选择，利用最佳方法去解决。

5. 在生活中锻炼孩子。

三年级的涵涵是个勤快的孩子，不但自己收拾自己的房间，不做功课的时候，还会帮助妈妈收拾客厅的茶几、书柜等。她说："当看到房间经过自己的整理变得整洁的时候，心里别提多高兴了！"其实，以前涵涵是个衣来伸手、饭来张口的"小皇帝"，为了锻炼她的独立性，从一年级开始，妈妈就开始有意地找些家务让涵涵做，开始涵涵还不肯做或无从下手，但慢慢地就养成爱做家务的好习惯了。

作为妈妈要改变原来的教育态度，让孩子走出大人的"保护圈"，放开手脚，不要怕孩子摔着、碰着、饿着、累着，孩子摔倒了，鼓励他自己爬起来。对挑食、偏食、厌食的孩子，饿他一两顿又何妨？孩子的事情让他自己做，自己能解决的问题妈妈不要去帮忙，例如，要玩具自己去拿、衣服自己穿。在家庭生活中，要安排孩子做一些力所能及的事，切不可把孩子成长过程中的困难都解决掉，把他们前进的障碍清除得干干净净。

巴尔扎克说过："苦难对于人生是一块垫脚石，对于能干的人是一笔财富，对于弱者是万丈深渊。"一个孩子受不了委屈，经不起挫折，害怕困难，怎能面对现在竞争激烈的大千世界。每一位妈妈都应尽力培养孩子的抗挫折的能力，使他们在任何困难和挫折面前泰然处之。

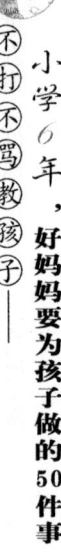

第48件事　让孩子体会劳动的艰辛

劳动创造了人，劳动创造了人类文明。可是还有很多妈妈只重视孩子智力方面的培养，却忽略对孩子劳动习惯的培养教育。其实，劳动对孩子来说，是有很多好处的。

儿子方城不小心把薯片撒了一地，本来妈妈孙悦准备收拾，可是转念一想，方城已经七岁了，也该学着做些什么，同时也应该懂得对自己做过的事要负起责任来。于是，孙悦对方城说："宝贝，妈妈现在有事，你来把地上的东西收拾一下，好吗？"方城一听，倒是蛮高兴的，对着孙悦行了个礼，一本正经地说："yes，madam！"

孙悦偷着乐了，心里说："别看你现在笑得开心，一会儿没准儿会急哭。"

方城一手拿着簸箕，一手拿着笤帚，兴高彩烈地干了起来。只见他拿着笤帚东拉一下，西扫一下，本来脏的地方不大，经他这么一拨拉，满屋子都是了，孙悦刚想对他进行指导，老公看了孙悦一眼，示意孙悦不要插手。孙悦一想也是，就放手让他自己干吧。

扫过来，扫过去，总是拢不到一块儿，这时方城额头已经渗出了细密的汗珠。他看这样不行，于是就一手拿簸箕，一手拿着笤帚，直接把垃圾扫进簸箕里，只见他一会儿站在簸箕的前面，一会儿站在簸箕的后面，怎么扫好像都不顺手，这样，地上的垃圾倒是越来越少，可是，方城已经大汗淋漓，耐心好像也已经用完，开始不停地朝孙悦看过来，孙悦低着头，干着自己的事，装作没有看见他，他又不好意思直接叫孙悦帮忙，因为刚才他答应得太干脆了。

方城拿着笤帚，歇了一会儿，看看满屋子还有很多垃圾，不得不继续干起来。不过这回他好像掌握了技巧，干得挺快的，尽管看起来还有一些脏，但基本上能看得过去了。

孙悦偷偷看着儿子，会心地笑了。

孩子的劳动过程就是一个动脑筋解决问题的过程，是孩子思考的过程，他们的能力和思维在劳动的过程中得到锻炼和提高。作为妈妈，当孩子遇到困难时，会不自觉地伸出手来帮助，从而剥夺了孩子自己动脑解决问题的权利，反过来还要埋怨孩子，遇事不动脑筋，其实是妈妈不给孩子动脑筋的机会。理智的妈妈应该给孩子独立的空间，让他们自由地成长。

劳动对孩子有如下好处：

劳动可以培养孩子的独立性。妈妈从小让孩子进行劳动锻炼，使孩子学会做点事，减少对妈妈依赖的心理，将会促进孩子自己能做的事自己做、不依赖别人帮助的独立意识形成。

劳动能促进身体健康、增强体质。劳动能促进孩子肌肉的发育。劳动在培养完美体魄上所起的作用，同运动一样重要。许多劳动能显示体力与技能、技巧多种多样的结合。

劳动能促进手脑并用，促进智力发育。通过基本劳动训练，可以使孩子的双手和大脑协调发展，可以使孩子脑细胞得到更多的刺激，加快脑细胞发育成长，更有利于开发脑细胞。

劳动能促进良好个性和品质的形成。对孩子进行早期劳动教育能培养孩子珍惜劳动成果，培养其对劳动人民的思想感情，体会劳动创造世界的真实含义，从而促进其良好个性、道德品质的发展。

● 妈妈应该这样做

妈妈应该怎样对小学孩子进行劳动教育呢？教育专家指出，要把握住以下4个要点：

1. **帮孩子树立正确的劳动观念。**

妈妈要真正帮助孩子养成热爱劳动、热爱劳动人民、珍惜劳动成果的美德，就必须帮助孩子树立牢固的劳动观念，以激励和维持孩子的劳动积极性。妈妈要以社会实际生活，社会发展历史及家庭生活实例说明劳动对于社会、对于国家、对于家庭和个人的意义。让孩子从思想上认识到劳动光荣、劳动神圣、劳动伟大，不爱劳动的人是没有出息的。

2. **积极培养孩子的劳动技能。**

一年级的毛毛特别爱干家务活，每到星期天，总是抢着替妈妈干活。但是，因为以前没有干过，他干的活总是"质量"不高——拖地拖得像"猫脸"，做饭烧糊了粥，洗碗洗得一片狼藉，洗衣服洗不干净。后来，妈妈手把手教毛毛干这些活，跟着妈妈学习了一段时间，毛毛再自己干，就干得像模像样了。

现实生活中，经常有些孩子愿意帮助妈妈干些力所能及的家务活，但因为不会干而越帮越忙，甚至弄坏了这碰坏了那，从而因为害怕失败而导致孩子丧失了劳动积极性。解决这种问题的根本方法就是培养孩子的劳动技能。劳动需要动脑子，干什么活有什么样的干法，劳动的程序、操作要领、技巧需逐步掌握。任何劳动，由于技能水平不同，会有快慢、质量好坏的差别。因此，掌握劳动技能是劳动教育的重要层面。

3. **教孩子养成良好的劳动习惯。**

众所周知，习惯是一切活动的因素，孩子养成了劳动的习惯，可以使他们终身受益。习惯是一种自主、自动的行为，养成劳动习惯的人，不劳动反而不舒服，他们眼里总有可干的事情。这样的习惯不通过长期训练、培养是形成不了的。

4. 用鼓励增强孩子的劳动信心。

三年级的叮叮向妈妈宣布："以后，我自己的衣服我要自己洗了。"但是，叮叮自己洗衣服总是洗不干净。洗了几次，叮叮丧失了信心，哭丧着脸问："妈妈，我是不是笨啊，怎么总洗不干净？"妈妈笑着鼓励叮叮道："你不是笨，而是太急躁，你有点耐心，就能洗好了。"在妈妈的鼓励下，叮叮又鼓起了自己洗衣服的信心。

孩子做任何事情，都希望得到别人特别是妈妈的肯定，这是由孩子的心理发展规律所决定的。孩子的劳动成果，无论怎样幼稚，妈妈都不应嘲讽和挖苦，更不能横加指责，而是应该帮助孩子分析原因，改进方法。只要孩子认认真真地做了，妈妈都应该给予肯定和赞赏。

劳动是人类存在的基础和手段，是孩子在体格、智慧和道德上臻于完善的源泉。孩子的劳动观念必须从小养成，只有树立了劳动的观念，从小养成劳动的习惯，才会让孩子热爱劳动。总之，力所能及的劳动是小学孩子全面发展的重要手段，是孩子的一门必修课。妈妈帮助小学孩子养成热爱劳动的习惯，必将使孩子受益终生。

第49件事　让孩子爱上运动

生命在于运动,坚持体育活动,不仅可以增进健康,而且可以预防疾病。对于学习压力日趋加重的小学孩子来说,适当地进行体育锻炼是有好处的,不仅可以提高身体素质,还可以做到劳逸结合,使智力水平得到充分的发挥。

作为妈妈,要培养孩子对体育的兴趣,让孩子养成爱好锻炼的生活方式。小学阶段是孩子形成良好习惯的关键时期,此时孩子在生理上处于生长发育和素质发展的敏感期,孩子这时的可塑性很大,最容易接受妈妈的引导与训练。所以,小学阶段正是让孩子养成自觉锻炼身体的习惯的好机会。

洛克斯丽是美国著名的战地记者,她经常深入战争的最前线,对战争进行报道。她的报道入木三分并充满了人道主义,因此为她赢得了世界性的声誉。

她在前线采访的时候,经常和士兵一起出入各种恶劣的环境,有时还会深入沙漠和深山。但她从来都没有掉过队。连那些经过特种训练的士兵都不由得对她竖起了大拇指。

在一次电视采访中她说:"我的成就源自我有一个健康的身体,我有一个健康的身体源自我喜爱运动,我喜爱运动源自我妈妈的教导。我要感谢我的妈妈!"

洛克斯丽的妈妈最大的爱好就是运动。妈妈是个运动的全面手。从小学六年级起开始踢足球，网球场上也常有妈妈的身影，妈妈撞球的水准也属一流，乒乓球更是少有对手。妈妈虽然工作很忙，但每天早晨必定做了全身运动后才上班。傍晚下班，要提早两三站下车，然后徒步回家。

像这样长年坚持不懈、持之以恒，这种对运动一丝不苟的认真精神，潜移默化地对洛克斯丽产生了影响。洛克斯丽从小就是个运动迷，跑步、足球、排球、马术、击剑、游泳，她都是好手，甚至她还练过中国功夫。

因为有运动的特长，洛克斯丽也痴迷于参加各种体育竞赛，自小学开始，她就一直代表所在的学校参加市、省，乃至全国的各种比赛。而且，也往往能拿到不错的名次。

洛克斯丽在应聘所在的杂志时，因为薪水丰厚，有十几个竞争者。

当招聘方提出体能要求时，洛克斯丽当场做了三百个俯卧撑，吓退了一多半的竞争者。

人都说"生命在于运动"，可面对电视、电脑、漫画书的诱惑，孩子们对运动的接触却越来越少了。

随着经济快速发展，生活节奏不断加快，人们生活质量得到了极大改善，人与自然的接触却越来越少。"身体是革命的本钱。"体育锻炼作为人类自身发展的重要手段，同时是孩子健康成长的有力保障。因此，妈妈应该清醒地认识到体育锻炼的重要性。

体育锻炼能促进孩子身体全面发展。体育锻炼中跑、跳等动作，对骨骼的骨化中心能起到一种机械刺激作用，改善血液循环，促进骨骼的生长发育。经常锻炼，使肌纤维变粗，肌肉血液供应好，毛细血管增多，促使肌肉强壮。运动中，肌肉活动是在神经系统的直接指挥下进行的，肌肉有节奏地收缩和放松，对神经系统也会产生良好的作用。由于神经系统与身体各组织、器官的联系加强了，因而提高了彼此之间的协调能力。

体育锻炼能使孩子更聪明。一个人是否聪明，主要取决于大脑的功能。孩子大脑需氧量占整个人体需氧量的50%，体育锻炼消耗大量的能量，为了满足运动的需要，新陈代谢加速，血液循环增强，从而保证大脑获得更多的氧气和养料。大脑工作时的能量来源于血液中的葡萄糖，体育锻炼还可使体内胰岛素工作正常，使大脑处于兴奋状态，更好地发挥"聪明"功能。

体育锻炼能增强孩子的抵抗力。体育锻炼作为防治疾病的手段是任何药物都无法替代的。经常参加体育锻炼，经受不同的刺激，尤其是在冬季，能更有效地改善心脏、血管系统的功能，提高身体对寒冷刺激的适应能力，有利于提高孩子适应环境、抵御疾病的能力。

体育锻炼有利于增强孩子的拼搏意识。孩子是天真无邪的，也是争强好胜的，同时孩子应该是在无数次赞美与肯定中健康成长的。而体育锻炼正是孩子除了学习以外的另一块天地和乐园。跳高、跳远、跑步、单双杠、球类等诸多体育项目均能让每个孩子找到自我的位置与空间。而学校组织的运动会更是培养孩子拼搏意识的平台。看到别人跳得比自己高，自己刻苦练习……在运动中最容易激起人的拼搏精神。

体育锻炼有利于培养孩子的团队精神。许多有益于身体健康的运动都需要几人甚至几十人参加。篮球、排球、接力跑、拔河等学校常见的比赛运动，需要孩子们的同心协力。在训练中，孩子们需要相互关心与帮助；在比赛中，孩子们需要团结、协作。面对比赛成绩时，大家共享胜利的喜悦，共担失败的责任，这种由体育运动所展示的集体荣誉感和责任感，是其他许多活动无法比拟的。

总之，体育锻炼的好处很多，给孩子的健康成长提供了有力的保障。妈妈只有不断地激发孩子的运动兴趣，持续让孩子加强体育锻炼，才能使孩子拥有健康的体格和旺盛的精力。这也是实现中华民族伟大复兴的必然要求。

● 妈妈应该这样做

1. 给孩子做爱运动的榜样。

上小学四年级的龙龙是个小运动迷。他特别喜欢锻炼身体,跑步、篮球、足球、跳高、游泳等等,样样都很不错,样样都拿得出手。前不久在市里举办的小学生运动会上,龙龙还拿了个个人100米跑步的亚军呢。龙龙之所以养成运动的习惯,是受妈妈影响。妈妈十分喜欢运动,一直有早上起来跑步的习惯。周末的时候,妈妈还经常去参加社区举办的网球、羽毛球等比赛。龙龙从小就每天早上起来跟在妈妈后面一起跑步,还跟着妈妈去参加比赛。就这样,龙龙自然而然地成了个小运动迷。

孩子的一言一行都在模仿妈妈,也包括是否喜欢运动。妈妈应当为孩子做一个热爱运动的好榜样,例如:找些能够让自己保持活动的项目,代替夜晚在电视机前消磨时光;在暖和的天气里,去户外骑车;如果天气太冷买一个立式单车、跑步机或是蹦床,等等。妈妈不能只去告诉孩子运动非常有趣,而要亲自展示给他们看。因此,想让孩子爱上运动,妈妈就要带着孩子一起去远足、骑车、划雪、游泳、溜冰,或是和他们一起跳绳、打篮球等。

2. 给孩子创造运动的条件。

妮妮是学校有名的运动健将。她的运动特长的培养,与妈妈的大力支持是分不开的。看到妮妮从小喜欢运动,妈妈就给妮妮在家里建立了一个小运动场。这个运动场里有许多运动器械,足球、篮球、跳绳、跑步机等。在妈妈的支持下,妮妮的身体很棒,几乎没有生过什么病。

妈妈要创造条件，鼓励、支持小学孩子参加各种体育锻炼，以增强孩子身体各部位的机能和适应环境的能力，增强孩子的体质。

3. 为孩子提供安全的场地。

让孩子爱上运动，妈妈应该为他们准备场地。场地必须安全。妈妈不要整天将孩子关在家中。孩子从学校回来时，总希望在外面玩一会儿，这时妈妈不要急着把孩子带回家，应该让孩子做些必要的户外活动，可以在居住地的周围找一块空地让孩子可以蹦蹦跳跳。有些住宅区周围过往的车辆很多，妈妈应该特别注意孩子的安全。

4. 注重身体的全面锻炼。

以前，小海只喜欢跳远，将两条腿锻炼得肌肉发达。但是，小海的臂力很弱，跟同学扳手腕总是输。小海非常苦恼。他将自己的心事告诉了妈妈。妈妈告诉他："体育锻炼应该科学、全面，这样才能收到最好的锻炼效果。"妈妈给小海制订了一份健身计划，该计划包括锻炼全身各个部位的运动项目。

经过一段锻炼之后，小海感觉到自己的体能得到了全面提升。尤其是腕力，也有了显著增加，再跟同学扳手腕，居然能十有八九赢了。

孩子在体育锻炼过程中，不但要注意身体各部位的协调发展，同时也要发展力量、速度、耐力、柔韧性、灵敏度、平衡力等各项身体素质，提高人体所必需的跑、跳、投掷、攀登和游泳等实用技能。

5. 参与孩子的运动游戏。

由于许多孩子缺少玩伴，妈妈就不可避免地要充当这一角色——当孩子的玩伴，如与孩子一起拍球、传球、单腿跳等。因为小学阶段的孩子竞争意识增加，他们很重视行动后的结果，所以妈妈与孩子一起玩，可以促进孩子运动能力的提高。

第50件事　教孩子掌握自我保护的方法

　　人在一生中可能会遇到许多困难或者危险，在这些困难或者危险面前，你会怎么办？是畏惧、躲避，还是低声下气求别人扶你一把？为什么不自己救自己呢？其实，这些困难或是危险，自己都是可以解决的。只有具有自救的能力，在困难或者危险面前，才能够有效地保护自己。

　　懂得自救，才能使孩子走向成功的殿堂。世上的每个人，只有当他感到所有外部的帮助都已被切断之后，他才会尽最大的努力，以最坚韧不拔的毅力去奋斗，因为主宰命运沉浮的只能是他自己的努力，他必须学会自救，否则生命之舟就会沉没。

　　生活是美好的，但是生活中也处处存在着危险。据有关部门统计，我国中小学生每年意外伤害事故死亡人数在万人以上，平均每天有一个班的孩子因意外伤害事故死于非命。这是惊人的、惨痛的事实。虽然许多事情是无法避免的，如乘车、坐船出事故，房屋倒塌，公共场所突发灾害等，但是，如果孩子学会了自我保护，就可以减少许多不应该发生的悲剧。

　　而且，现在社会复杂多样，有一些不法分子专门骗孩子的钱，诱惑孩子走歪门邪道，甚至拐卖孩子。比如，有的骗子诱惑孩子赌博，有的用讲故事的方法散布封建迷信或淫乱思想，有的向孩子兜售摇头

丸、迷幻药等毒品，有的在孩子单独行动时，以认识孩子妈妈或亲友、带孩子出去玩等为由拐骗孩子……

自我保护能力是一个人在社会中保存个体生命的最基本能力之一。为了保证孩子的身心健康和安全，使孩子顺利成长，妈妈应该从孩子幼年时就加强对他们的自我保护教育，培养和提高孩子的自我保护能力。

● 妈妈应该这样做

1. 对孩子进行安全意识教育。

某家电视台和一个幼儿园联合做了一个调查节目，选了3个4~6岁的孩子，让妈妈把孩子带到指定的位置之后借口离开，然后让主持人过去，试着把孩子骗走，或把孩子的东西拿走。结果是，其中两个孩子一个被骗走东西，一个跟着主持人找妈妈去了，只有一个还好，怎么也不和主持人走，但是最后还是离开了等妈妈的地方，自己走了。

小学孩子尚且年幼，没有生活阅历和经验，他们不知道什么事情能做、什么事情不能做、什么地方能去、什么地方不能去，也不知道什么东西能玩、什么东西不能玩。对于某些事情他们偏偏喜欢做一些危险的尝试。妈妈若要真正说服孩子，就应该常向孩子进行一些安全意识教育，通过看电视、听故事以及让孩子亲眼所见由于不注意安全而导致灾难的事例，增加孩子一些简单的社会经验，进而向他们提出一些安全规则，讲清原因。

2. 教孩子熟悉自我情况，掌握必备事项。

妈妈应让小学孩子牢记自己及妈妈和班主任的姓名、家庭和学校的地址及电话，懂得匪警、火警、急救等重要电话的号码，知道学校附近的派出所位置，等等，以便独处的孩子在遇上危险时及时获得帮助。

3. 告诉孩子如何确保交通安全。

一位妈妈骑着自行车送孩子上学。走到十字路口的时候，正好红灯亮了，可妈妈却熟视无睹，在车流中左躲右闪地终于走到了对面，并且还对儿子说："看妈妈厉害吧，红灯都可以闯过来。"这时候儿子说："妈妈，老师说过要遵守交通规则，要等绿灯亮了才能走，红灯亮了要停下来。""傻儿子，你就不会灵活变通吗？红灯亮了也照样可以过得去，为什么一定要等绿灯啊？再说，妈妈这么做是为了节省时间。"坐在后座的儿子默然无语，不知道是老师说得对还是妈妈说得对。

上述事例中的妈妈是我们的负面榜样，应当引以为戒。妈妈应从小就向孩子讲授交通安全知识。主要内容应包括：马路行走常识、乘车常识、骑车常识、过铁路道口常识，以及发生车祸时的应急措施等。需要强调的是，妈妈和教师应在遵守交通规则方面起好表率作用，以免被孩子误解、模仿。

4. 日常生活中培养孩子注意安全的习惯。

妈妈应教会小学孩子正确使用家用电器、煤气灶、卫生浴具等，讲授安全用电、用火知识，并让孩子养成"人走电断"等好习惯，切勿麻痹大意。不能为了防止孩子闯祸，索性阻止孩子使用电、火等，这样的温室教育是不利于孩子的健康成长的，还有可能起到相反的作用。妈妈和教师还须引导孩子，各类电器及设备发生故障时切勿擅动，妈妈尤其不应对"惹了祸"的孩子责备训斥，以避免孩子因逃避责骂而导致意外事故。

5. 培养孩子灵活的应变能力。

要保证小学孩子的健康和安全，培养孩子的应变能力也是日常生

活中一项重要的教育内容。这些应变能力具体表现在：一是适应周围环境变化的能力，如：知道随季节和早晚温度变化增减衣服，春天吃预防感冒的药。二是对突如其来事件的灵活处理。孩子有时候知道要注意安全，但不一定有能力去处理一些较危险的事情，这就需要成人平时有意识地训练孩子的自救技能，如：玩耍时不小心擦伤应马上请求他人的帮助；在商店和妈妈走散了，可找商店的叔叔、阿姨或警察帮忙等。总之，妈妈应人为地创设一些问题情境，引导孩子想出各种自救方法，使孩子掌握一些基本的应变能力。

　　总有一天，妈妈不必再为独处的孩子担心；总有一天，妈妈可以无忧地放飞学会翱翔的小鸟。路上没有陷阱，处处盛开鲜花。这样的日子，必定充满阳光。